Joachim Fernau

Wo bitte geht's zu Raffael

Joachim Fernau

Wo bitte geht's zu Raffael

und andere Kunst-Geschichten

Herausgegeben von
Gabriele Fernau

Mit 7 Abbildungen

Herbig

1. Auflage November 1995
2. Auflage Oktober 1996

Schutzumschlagmotiv: Raffael, Der Triumph
der Galater (Ausschnitt), Archiv für Kunst
und Geschichte, Berlin
Satz: Filmsatz Schröter, München
Gesetzt aus: 11,5/14,4 Didot Roman auf
Apple Macintosh in QuarkXPress
Druck und Binden: Wiener Verlag, Himberg
Printed in Austria
ISBN 3-7766-1927-9

Kunst ist ein Kräutlein,
nicht für alle Leutlein.

(Altes Sprichwort)

Inhalt

Meine Referenz der »Büssenden Magdalena«

Ach, er war ein so netter, braver Mann, der Batoni, der sich bis zu seinem Lebensende nicht entscheiden konnte, ob er sich verschwenderisch mit zwei oder bescheiden mit nur einem »t« schreiben sollte. Er war eine Koryphäe.

Er hat wunderschöne Bildnisse geschaffen: Fürsten, Herzöge und Kardinäle, alle Mächtigen seiner Zeit ließen sich von ihm porträtieren: gute Bildnisse, wirklich. Auch mittelmäßige mythologische und religiöse Bilder hat er gemalt, viele, zahllose. Auch schlechte, ganz schlechte.

Irgendeines muß da logischerweise den Vogel abschießen, das ist klar, und es wäre für ihn alles nicht so schlimm, wenn nicht ausgerechnet jenes, das den Vogel abschießt, sein berühmtestes geworden wäre: die Dresdner »Büßende Magdalena«. In Zehntausenden, vielleicht Hunderttausenden von

Reproduktionen hing und hängt noch dieses Bild in den Schlafzimmern Europas, geliebt und immer wieder mit Andacht betrachtet, unter Herzklopfen erstanden, nicht selten unter Opfern bezahlt und in scheuer Freude heimgetragen.

Der Schmerz der Besitzer dieser vervielfältigten Magdalena über den Verlust des Originals beim alliierten Bombenangriff vom 13.02.1945 auf Dresden ist vermutlich nicht meßbar: Nicht, weil er so groß ist, sondern weil die Betreffenden nie realisiert haben, daß es überhaupt ein Original gab. Auch ist es sehr fraglich, ob sie ein Original für mehr von Fleisch und Blut halten als jene Reproduktion, die über ihrem Bette hängt.

Unser Schmerz nun, meiner zum Beispiel, über den Verlust des Originals entspricht in Art und Größenordnung, würde ich sagen, ganz genau dem Schmerz, den ich empfände, wenn das UNO-Gebäude in New York plötzlich nicht mehr da wäre.

Pompeo Batoni (Battoni) lebte, und zwar sehr gut, von 1708 bis 1787, also vor gut zweihundert Jahren. Wenn er heute noch,

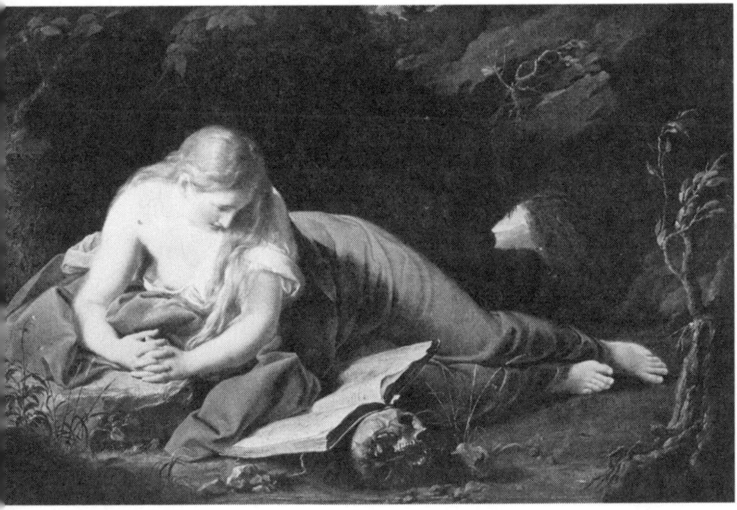

Pompeo Batoni
Die büßende Maria Magdalena, um 1742
Öl auf Leinwand, 121 × 187,5 cm
Ehemals Dresden, Gemäldegalerie (Kriegsverlust)

selbst bei Analphabeten, unsterblich ist, dann durch die »Büßende Magdalena«.
Das nennt man ein bitteres Schicksal.
Batoni kann nichts dafür. Sie auch nicht. Ich auch nicht – also wer? Es war ein Volksentscheid! Es tut mir leid, auch wenn damit für immer Ihr Glaube an das »gesunde Volksempfinden« und Ihr Vertrauen in Volksentscheide einen Stoß bekommt: Es war Volkswille, es war ein Volksentscheid.
Zweihundert Jahre lang hat dieses Bild immer wieder die Frage an die Menschen gestellt: Wen wählt ihr, mich oder Goyas »Hexensabbat«? Mich oder Menzels »Balkonzimmer«? Mich oder Renoirs »Lisa«? Mich oder Picassos »Mademoiselles d'Avignon«? Die Antwort war zahlenmäßig, also im demokratischen Sinne, überwältigend. Nur in einem einzigen Wahlgang erlitt die Magdalena eine Niederlage: gegen Zabateris »Elfenreigen«. Aber dies nur nebenbei.
Wenn wir, Sie und ich, mit einem Lächeln, ja sogar mit einem gewissen Schauer Batonis »Büßende« betrachten, so befinden wir uns in einer höchst merkwürdigen Lage. Wir belächeln und beschauen weder eine tech-

nisch mangelhafte Malerei, weder eine stümperhafte Zeichnung oder Farbgebung, noch ein Motiv, das etwa von vornherein albern wäre, denn Büßende jeglichen Geschlechts haben viele große Maler gemalt. Wir belächeln und beschauen auch nicht etwa ein unsinniges Format, überhaupt nichts äußerlich Unvollkommenes oder Unverständliches. Wir belächeln etwas, was wir den Bewunderern niemals klarmachen können. Wir belächeln die Lüge. Nicht etwa eine freche Lüge nach Pop-art, sondern die ein bißchen verschämte, die mit der Mütze in der Hand und mit einem »Ich wünsche Ihnen viel Gutes und Schönes, mein Herr« auf den Lippen an unserer Tür steht und anklopft.

Denn an dem Bild stimmt in Wahrheit nichts. Das Thema einer büßenden Frau, die in tiefem Erschrecken über ihr Leben jetzt verzweifelt die Demütigung sucht, dieses Thema ist achtbar. Man kann – sofern man nicht nur ein großer Maler, sondern auch ein großer Mensch ist – das Erschrecken und die Reuezeichen in schöner Sprödigkeit oder im Trotz verbergen, man kann sparsam mit der Andeutung von Entbehrung umgehen, aber dann muß der dargestellte Mensch das alles ausdrücken, nicht wie ein Mime, nicht wie einer, dem es recht ist, daß wir ihn so sehen, sondern wie einer, den wir belauschen, wie einer, der sich allein glaubt in seinem Elend.

Wenn dann – wie zum Beispiel bei Jan van Eyck – unser Auge auch noch auf die juwelenhafte Farbe fällt und sich zögernd ihre Schönheit eingesteht, so wird durch den Kontrast von dem Glanz der Welt zu der tief verborgenen, tödlich ernsten Verzweiflung des Büßenden unser Staunen über ein solches Bild nur noch größer.

Armer, braver Batoni! Er hat nichts davon begriffen. Er hat sich von dem schönen Wahn der kleinen Leute leiten lassen, daß große Geister anders sitzen oder liegen als Durchschnittsmenschen, und daß das ihre Größe anzeigt. Er hat empfunden wie ein Stummfilmregisseur. Hier spielt Henny Porten die büßende Magdalena. Die Höhle ist sauber und nicht unwohnlich, der Tag heiter, das Licht gut. Das Gewand ist schön arrangiert und Qualität, die Bluse blütenrein. Das

Haar fällt anmutig und ist gewiß nicht ungepflegt. Eine Brust ist nackt. Um Himmels willen, warum? Nein, denken Sie nichts Schlechtes! Es ist reiner Zufall, und wenn wir es sehen, so gönnt sie es uns milde und entrückt lächelnd, denn sie versteht gar nicht mehr, daß wir etwas dabei empfinden. Ihre Körperhaltung ist untadelig und verträgt jederzeit Zeugen. Magdalena liest. Was liest sie wohl? Sie liest die Bibel. Wenn Sie ihren Gesichtsausdruck betrachten, werden Sie auch wissen, welche Stelle sie liest.
Nein? Aber, aber! Es ist die Stelle: »... ihr sind viele Sünden vergeben, denn sie hat viel geliebet.« Lukas 7, Vers 37–50. Sie liest ihre eigene Biographie!! Über ihre vielen Sünden. Und ein feines Lächeln spielt um ihre Lippen.

Meine verehrten Leserinnen und Leser, falls ich Sie mit dieser Betrachtung in Zwiespalt gestürzt haben sollte, weil vielleicht Ihre Tante die »Büßende Magdalena« von Batoni über dem Bett hängen hat (wenn es eine Kopie in Öl ist, ist ihr Wert sehr gestiegen), so bitte ich um Entschuldigung. Bitte, grüßen

Sie die Tante von mir und sagen Sie ihr, sie könne sich jederzeit auf den Existentialismus berufen. Er sagt aus dem Munde Jean-Paul Sartres: »Jeder schafft seine Werte allein und grundlos. Meine Freiheit allein ist die Begründung der Werte.« Und dann hat Sartre noch gesagt, seit er Maoist geworden ist: »Das Hauptergebnis muß sein, daß man auf Ernsthaftigkeit verzichtet.«

Der Maler malt den runden Mond
mit dunklem Cadmium.
Die Häuser stehn in Englischrot
und fahlem Permament
verschleiert weiß am Waldesrand,
und umbraschwarz ist alles Land.
Die Sonne sieht durchs Fenster zu
und hält es nicht für möglich.

Wo geht's zu Raffael?

Sie waren Besucher Nummer 1805 bis 1812. Schon die Eingangshalle glich einem Jahrmarkt. Die beiden Fahrstühle waren überfüllt und belagert. Nur die geschlossenen Touristengruppen, ihren Führer an der Spitze, stiegen die langen Treppen hinauf. Gabriella hielt sich ungeniert die Nase zu, als sie an den Aufzügen vorbeiging, und verlangte die Erklimmung der Uffizien zu Fuß. Vater und Sohn Benito und Frau Bellini griffen nach der ersten Kehre tüchtig ins Geländer und hangelten sich hoch, sie sahen aus wie eine Seilschaft. Die Uffizien befinden sich leider unter dem Dach.

Am Drehkreuz hing die nächste Menschentraube. Italienische Kleinkinder schlüpften den Wärtern zwischen den Beinen durch, während ihre Mütter ihnen nachkreischten, Amerikaner käuten in Geduld Gummi wieder, deutsche Familien tauschten untereinander die schon gekauften Kartenstöße aus. Engländer lasen im Florence-Guide. Benito merkte man an, daß er gern umgekehrt wäre.

Das Oktett steuerte dem ersten Saal zu. Salvini hat ihn, als er noch Direktor der Uffizien war, umgebaut von einem Renaissance-Salon zu einer kahlen romanischen Zelle, denn er beherbergt Giotto und Cimabue, die Erzväter der Florentiner Malerei. Die beiden riesigen starren Madonnentafeln, das Entzücken der Kenner, sind das Luminal aller anderen, die sich nur durch strengste Blicke der Reiseführer einschüchtern und in ihrer Flucht nach vorn bremsen lassen.

Auch Benitone und Benito kurvten hindurch und zogen ihr Gefolge hinter sich her. »Tut mir leid«, sagte der Wasserbohrer, »kann nichts damit anfangen. Bin wohl zu dumm dazu. Diese Alten konnten nicht malen. Oder? Keine Perspektive. Das ist doch alles falsch. Bin ich blind? Der Stuhl, der Thron, fällt nach vorn. Und überhaupt, wie das alles aussieht. Konnten sie nun malen oder konnten sie nicht? Tut mir leid. Wo geht's zu Raffael?«

Gabriella hielt Hans am Ärmel fest und blieb vor dem Giotto stehen: »Warte! Laß sie gehen.«
Sie betrachtete lange das Bild. Dann sagte sie: »Hans! Ich frage dasselbe wie mein Onkel, der Dummkopf: Konnten sie nun oder konnten sie nicht? Kannst du mir helfen?«
»Möchtest du denn? Warum? Wozu?«
»Vielleicht entgeht mir etwas Schönes? Vielleicht brauche ich nur ein paar Worte?«
»Ich werde es nicht können, Gabriella.«
»Versuch's.«
»Es wird dich langweilen.«
»Du bist wohl verrückt?«
»Also. Dein Onkel fragt, ob Giotto überhaupt richtig malen konnte. Nein, Gabriella, er konnte es nicht. Giotto hat das Bild kurz nach 1300 gemalt. Ach, wir müssen einmal alle zusammen ins Mugello-Tal fahren, wo er geboren ist, in Colle di Vespignano stehen noch Reste seines Hauses!«
»Lenk jetzt nicht ab!«
»Ich muß überlegen, Gabriella. Ich habe gesagt, Giotto konnte nicht richtig, in unserem Sinne richtig, malen. Wenn dir ein Geheimniskrämer einmal etwas anderes sagt, glaub

ihm nicht. Er macht dir nur was vor. Giotto konnte keine Atmosphäre malen, er beachtete die Gesetze der Perspektive nicht, er malte in Lokalfarben, das heißt, er nahm alle Farben wörtlich, ohne sie durch Luft, durch Sonne und Schatten oder durch die Entfernung vom Betrachter zu verändern. Rot war rot, und blau war blau; nicht mehr ganz so naiv, wie dort rechts auf dem Bild von Cimabue, aber beinahe. Seine Größenverhältnisse stimmen nicht immer und manchmal nicht einmal die Umrisse. Wenn dein Onkel das alles nicht vertragen kann, ist er nicht zu widerlegen. Dann muß er weitergehen.«

»Also. Kommt es jetzt?«

»Ja, jetzt kommt es: Giotto und Cimabue haben von Perspektive kaum etwas gewußt, aber nicht, weil sie sie nicht begriffen hätten, sondern weil sie sie nicht interessierte. Und sie interessierte sie nicht, weil sie sie nicht brauchten. Denn ein Maler sollte nicht fotografieren, er sollte etwas ganz anderes. Verstehst du es bis dahin?«

»Natürlich. Weiter. Spannend.«

»Die Maler damals erfüllten einen Auftrag. Ich meine nicht, daß sie von der Kirche beauftragt waren, sondern daß sie einen inneren Auftrag erfüllten, den Auftrag als Christen, den einzigen Auftrag, den sie sich für einen Maler oder Bildhauer überhaupt vorstellen konnten. Wie weit ihnen die Idee, etwa ein privates Porträt zu malen, fernlag, siehst du ja schon daran, daß wir nicht ein einziges aus jener Zeit kennen, kein Bildnis, keine Landschaft, keinen Blumenstrauß, kein Stilleben, kein Genrebild aus dem Alltag. Nichts. Nur Lobgesänge.«

»Schön sagst du das. Weiter.«

»Und nun stell dir vor, was sie dazu brauchten. Perspektive? Licht und Schatten?«

»Sie brauchten es nicht, aber es hätte nicht geschadet.«

»Siehst du, Gabriella! Das ist eben die große Frage. Das ist eben das Geheimnis jener Zeit. Wenn du heute ein Plakat an der Wand siehst, sagen wir ein Plakat für eine Kaffeesorte mit einem stilisierten Kaffeepflücker drauf, fragst du dann auch, warum sind die Haare nicht eingezeichnet, warum sind die Sträucher nur grüne Kleckse, ohne daß man ein Blatt erkennt, und warum ist die eine Kaffeebohne, die er uns zeigt, viel zu groß?

Sagst du dann auch, es könnte nicht schaden? Nein. Denn du weißt, daß das alles unwichtig ist im Hinblick auf den Auftrag, den der Plakatmaler hatte, nämlich deinen Blick festzunageln, dich auf das Wichtigste zu konzentrieren. Natürlich gibt es heute auch Plakate, die fotografisch genau sind, aber für den echten Kaffee-Süchtigen – entschuldige den Ausdruck im Zusammenhang mit dem Christentum – für den echten Glaubenssüchtigen ist das nicht nötig. Ihm genügen Symbole, feierliche Plakate, du weißt, was ich meine; ja sogar: je biblischer und archaischer das Angedeutete ist, desto wuchtiger erschien es ihm. Ach, ich erkläre das wohl miserabel ...«

»Weiter!«

»Das ist eigentlich alles, Gabriella. Die Schwierigkeit, solche Bilder zu genießen und zu verehren, liegt darin, die damalige Seelenhaltung, die Inbrunst nachzufühlen, verstehst du? Es kommt natürlich hinzu, daß Giotto und Cimabue am Anfang der ganzen abendländischen Malerei stehen, daß sie also geschichtlich verehrungswürdig sind, und daß diese Bilder ganz, ganz seltene, wertvolle Zeugnisse jener Zeit sind. Es ist also auch eine Sache des Verstandes, des Wissens. Es ist ja keine Schande, das zuzugeben. Nur Heuchler tun wunder was.«

»Du bist lieb, du großer Kerl, du.«

Hans lachte und legte für einen kurzen Augenblick vergnügt den Arm um ihre Schultern: »Schade, daß du nicht mein Ordinarius bist; mir wäre bedeutend wohler.«

Sie lächelte auch. »So wie jetzt ist es mir lieber.«

»Möchtest du dir das Bild noch etwas ansehen?«

»Im Gegenteil. Ich möchte nach Hause gehen, Hans.«

»Das kannst du nicht!«

»Nein, obwohl ich es gern täte. Ich muß jetzt nachdenken und bei mir tief innen mal nach Wasser bohren. Ich setze mich zu Rivoire, trinke eine Schokolade und warte auf euch. Du gehst den anderen nach und hältst keine Vorträge mehr, verstanden?«

»Sehr gut verstanden«, antwortete er fröhlich.

Sie ging tatsächlich.

Hans drängte sich durch die Menge vorwärts

in Richtung Raffael. Alle Säle waren voll von Menschen, in allen ballten sich Gruppen um ihre Führer, aus allen Knäueln dröhnte es italienisch, französisch und amerikanisch; kleine japanische Pärchen standen stets etwas abseits und hörten aufmerksam zu.

Hans fand seine Gruppe erst im Westflügel; sie hatte Raffael längst hinter sich, stand bereits im 17. Jahrhundert und betrachtete gerade die Landschaft von Herkules Seghers. Als Hans hinzustieß, erregte seine Nachricht, Gabriella sitze bei Rivoire, mehr Neid als Verwunderung. Nur Carlo schüttelte sein Haupt, weil er die Zeitdifferenz nicht ganz unterbringen konnte. Leslie wechselte schon seit langem ständig von einem Bein auf das andere. Maurice hatte seine Hand unter den Arm von Frau Bellini geschoben, zweifellos fürchtete er, Gabriellas Mutter könnte verlorengehen. Benito betastete mit den Fingerspitzen die pastose Oberfläche des Bildes, wohl in der Hoffnung, der Alarm würde losbrechen. Es ging keiner los, und Maurice gab darauf in Frau Bellinis Ohr die Geschichte von dem Unbekannten zum besten, der vor Jahren ein Dutzend Bilder ver-

stümmelt hatte, ohne je erwischt worden zu sein.
Benitone gefiel der Seghers.
»Das ist was«, sagte er, »das ist was. Der Mann kann was. Das ist alles so natürlich. Warum nicht gleich? Die Landschaft ist ja nicht gerade angenehm, nicht? Rauh. Wenn ich sie so ansehe und meinen Gedanken freien Lauf lasse, könnte ich beinahe selbst lachen, denn ich denke sofort: Könnte man hier Wasser finden? Hinten im Tal natürlich, kein Problem, in zehn Meter Tiefe bin ich dran. Aber hier oben in dem Felsengeröll? Diamine! Sehen Sie, Sir, das ist eben unser Risiko, wir berechnen pro Meter, gleichgültig ob leichter Boden oder Fels. Sie müssen sich das hier auf dem Gemälde nur mal ansehen! Der Eindruck ist wirklich wunderbar. Siehst du, Benito, so ein Bild verstehe ich; die alten Giottos und wie sie alle heißen, nicht. Das hier kann man lange ansehen. Hier kann man direkt Erinnerungen an die Wirklichkeit haben. Das ist der Unterschied.«
»Nein«, sagte Benito, und in diesem Augenblick bekam sein Gesicht den Ausdruck eines erwachsenen Mannes, »nein, das ist

nicht der Unterschied, Babbo. Wie soll ich mich ausdrücken, ich habe nicht studiert, leider. Kunst hätte ich ganz gern studiert. Ich meine, Babbo: Vor der alten Madonna mußt du beten, nicht? Kannst du vor diesem hier beten? Brauchst du nicht. Das ist es. Denke ich jedenfalls.«

Benitone ließ den Blick von Seghers zu seinem Sohn und von seinem Sohn zu Seghers wandern, als wüßte er nicht, wen er verraten sollte. Dann sagte er kurz entschlossen: »Richtig.«

Sie verließen den Saal, der so viele Erkenntnisse gebracht hatte.

»Wohin führt diese Treppe?« fragte Benitone auf dem Flur.

»Hier geht es raus«, flötete Leslie.

Dieses Wort wirkte auf Benitone wie die Trompete von Mars-la-Tour. Die ganze Schwadron folgte ihm zum Ausgang.

Kleines Barock-Kolleg

Um sagen zu können, wann das Barock zum erstenmal Barock genannt wurde, müßte man wissen, wann jemand (offenbar ein wichtiger Jemand) zum erstenmal auf jene Epoche geschimpft hat. Denn »barock« ist ein Schimpfwort. Es gehörte schon lange zum Vokabular der spanischen und portugiesischen Juweliere, die mit dem Worte barueco und barroco (»schief«, »krumm«) jene Perlen belegten, die entsprechend geraten waren. Später hat noch eine stattliche Reihe von großen Geistern auf das Barock geschimpft: Jacob Burckhardt fand es abscheulich bombastisch, für Winckelmann war es nicht zum Ansehen, und der italienische Kritiker Tommaseo schrieb 1845: »Dieser plumpe, komisch aufgeregte Stil hat nichts Antikes und nichts Modernes an sich.« Wenn jemand auf den verschrobenen Gedanken käme, auch heute noch das Barock in Bausch und Bogen so zu beurteilen, dann würden wir das wiederum einen »barocken Einfall« nennen. Man sieht, es ist schon was dran: Das Wort hat einen Ruf wie Donnerhall und der Stil eigentlich auch noch.

Wie ist er nun? Ist er groß? Ist er klein?

Vor allem ist er lang. Das pflegt ein Zeichen dafür zu sein, daß er den Völkern gefallen hat. Aber das stimmt auch nicht. Er hängt mit ganz anderen Faktoren zusammen; er ist ganz präzise die Begleiterscheinung der absoluten Machthaber, der skurrilen Gottkönige, gipfelnd in Ludwig XIV. von Frankreich. *Ihre* Kulisse war er, *ihr* Claqueur. Er hatte auch das Placet der triumphierenden Kirche, deren Würdenträger den völlig gleichen Geist besaßen. Richelieu und Mazarin hätten jederzeit den Thron besteigen können, ohne sich groß umziehen zu müssen. Mazarin hat es ja quasi auch getan, als er, der Kardinal, heimlich die Königin-Witwe Anna heiratete und für das Kind Ludwig regierte. Dies alles zu wissen, ist nicht müßig; man begreift dann das Barock besser. Es war eine Zeit, in der das hochbegabte Bürgertum der

Renaissance vermittels einiger Tricks und den Notzeiten der Gegenreformation wieder entmündigt wurde; eine Zeit, in der, bildlich gesprochen, das bürgerliche Schauspiel vom Spielplan abgesetzt und die große Oper angesetzt wurde. Kein Zufall, daß die Oper tatsächlich im Barock geboren wurde (Monteverdi). Sie ist sogar eine seiner größten Leistungen und seine originalste. Sie stellt das pathetische Theater ohne innerliches Engagement dar und ohne Wirklichkeitsnähe – wie das Barock.

Das opernhafte Weltgefühl jener Epoche war ganz verschieden von dem Wertbewußtsein der vorangegangenen Zeit; es betete die »imposanten« Naturen an, die »großartigen«, und es ist bezeichnend, daß der Koloß Ludwig XIV. den schmächtigen, verwachsenen Prinzen Eugen als Soldaten verächtlich abwies und nach Wien gehen ließ. Diese protzige Betonung der Körperlichkeit wiederholt sich im Material, und allein schon dies unterscheidet das Barock vom Rokoko so stark, daß es allzu vereinfacht wäre, beide Stile in einem Atem zu nennen, wie es oft geschieht. Das Barock begann – so sagen die Italiener und meinen es beinahe ernst – am 20. Mai 1518. An jenem Tage übergab Tizian der Frari-Kirche in Venedig und damit der Weltöffentlichkeit seine »Mariä Himmelfahrt«. Tatsächlich, es ist das erste Gemälde, das barocken Geist atmet: Maria gleitet nicht mehr, sie wird auch nicht mehr wie früher von Engeln getragen, sondern sie rauscht ab nach oben. Es ist ein gewaltiger, theatralischer Abgang, flatternden Gewandes und großer Geste. Sehr schön, aber zum Glück nur die sprichwörtliche »erste Schwalbe«. Das Barock begann zwar im Süden am frühesten, aber auch in Italien nicht vor der letzten Hälfte des 16. Jahrhunderts. In Deutschland setzte es überhaupt erst mit vollen Akkorden ein, als der Dreißigjährige Krieg beendet, d. h. das bizarrste Barock schon überstanden war.

Nein, wenn es einen Vater des Barock gegeben hat, dann war es Michelangelo als Baumeister. Er war der erste, der z. B. die Pilaster aus der Hausfront herauslöste und durch Säulen ersetzte. Seine Kuppel des Petersdoms hat bereits barocken Charakter, ihre Zylinderbasis ist in lauter Doppelsäulen aufgelöst – Säulen in sechzig Meter Höhe! Hardouin-Mansart brauchte das später nur wörtlich zu übernehmen und der Invalidendom, Glanzstück des Pariser Barock, war fertig.

Ja, er war fertig – und hatte die ganze wilde Frühzeit des Barock übersprungen. Tatsächlich ist es das Ausland gewesen, das das Barock nach seinen italienischen »Flegeljahren« erst erzogen hat. So wunderschöne Bauten wie die Frauenkirche in Dresden (Bähr), Kloster Melk (Jakob Prandtauer), Schloß Schönbrunn (Fischer von Erlach) und Belvedere (v. Hildebrandt), lauter Glanzstücke, sind alles Werke der Spätzeit und haben das Wirre, Schwülstige, das den Italienern einst als Ästhetik vorschwebte, überwunden. Nordeuropa hat das Barock aus der Sackgasse der kurzlebigen Krausheit herausgeführt – gedacht war es einst ganz anders als Melk und Versailles.

Das Ur-Barock sollte man an San Carlo von Borromini in Rom oder in der Atlantengalerie des Palazzo Spada studieren, oder in Venedig an der Kirche San Moisè, die an der Grenze des Komischen steht, oder an Santa

Maria della Salute! So malerisch, ja geradezu zauberhaft die Silhouette dieser berühmten Kirche von weitem ist, so schrecklich, so konfus und wirr ist das Bild von nahem. Da nützen die zwei Sterne im Baedeker gar nichts. Von den Dächern rollen Wagenräder von Voluten, auf denen Riesenfiguren Balance-Akte vorführen, zu ihren Füßen zappelnde Engel, Sockelchen, Wülste, Balustraden, Fialen, Giebel, korinthische Säulen auf fünf Meter hohen Postamenten – Hand aufs Herz und Courage: Das ist schauerlich.

Aber just das ist das Barock, wie es gemeint war: Vermeidung des klaren Aufrisses durch Verschachtelungen, wuchernde Plastik, grob ausladende Voluten und in die Lüfte versetzte Säulen – ein Wirbel von Schwüngen, Verbiegungen und Augentäuschungen. Die Front wird zur Theaterkulisse, die mit der architektonischen Gliederung im Inneren nichts mehr zu tun hat, ja, hinter der man normale Räume nicht einmal mehr vermutet. Die Vergewaltigung bereitete (wie offenbar auf ihrem Urgebiet) Vergnügen. Bei dem berühmten Gartenarchitekten Lenôtre, der den imposanten, aber total unnatürli-

chen Garten von Versailles schuf, vermutet man in den verschnittenen grünen Gebilden kaum noch Gottes schlichte Pflanzen und Bäume.
Deutschland, Frankreich, England konnten innerlich damit nichts anfangen. Daß das Barock fast drei Generationen brauchte, ehe es überhaupt die Alpen überschritt, lag an dem Widerstand gegen diese Übertreibungen. Nordeuropa hat sofort getrennt, was nur exaltiert und was von bleibendem Wert sein könnte. Es hat, bei den Kirchenbauten zum Beispiel, die neue Idee respektiert, ein Kirchenschiff nicht mehr wie in der Gotik und Renaissance rechteckig anzulegen, sondern aus mehreren kreisrunden oder ovalen Räumen zusammenzusetzen, durch Pilaster und Säulen getrennt, so daß der Grundriß mancher Kirchen wie ein Molekülmodell unserer Physiker aussieht. Auch der schwere Prunk wurde als echtes Stilelement akzeptiert, die kannelierten Halbsäulen, die gewundenen Säulen, die nicht endenwollenden Kapitellkrönungen, die Kolossalstatuen, die täuschenden Wolken- und Strahlensoffitten, die Deckenmalereien, die Vergoldun-

gen und die vielen Nischenaltäre, die die Barockkirchen zu einem Labyrinth der Andacht machen. Aber S. Maria della Salute findet man nicht. Die Fassaden sind frei von Tricks, frei von verwirrendem »Verhau« an Plastik und frei von Theaterdonner.

Im Profanbau haben die deutschen, französischen und vor allem englischen Architekten das italienische Barock sogar noch radikaler korrigiert. Versailles, als typisches Beispiel, zeigt eine Front, die in nichts mehr an die Frühzeit erinnert, und die Louvre-Kolonnade (1665) könnte geradezu Michelangelos nächstes Werk nach seinem Konservatorenpalast (1546) gewesen sein. Die Fronten sind zwar pompös, aber doch einigermaßen klar gegliedert (das Prager Palais Czernin hat sogar die Rustikaquadern der Renaissance) – und die Säulen, die natürlich eine Hauptrolle an der Fassade spielen, sind nicht labyrinthisch, sondern eher klassisch gesetzt. Schlüters Innenhof des Berliner Schlosses ähnelte (es existiert nicht mehr) stark dem Hof des Palazzo Farnese in Rom (von Sangallo und Michelangelo). Die betonte Waagrechte, die klare Säulenreihe (in der Höhe und am Portal) und der Halbpilaster, diese Elemente der Spätrenaissance waren es, die in Nordeuropa niemals von dem wilden Barock verdrängt werden konnten. Ganz besonders in England war der von dem späten Michelangelo und von Palladio erlernte klassizistische Geschmack aus den Bauten bis ins 19. Jahrhundert nicht mehr wegzubekommen. Und die Flamen haben überhaupt nie von ihrer Renaissance und den horizontal dicht durchfensterten Fronten gelassen, sie haben unter Barock immer nur ein bißchen ornamentale »Zügellosigkeit« verstanden.

Aber auf einem anderen Gebiet haben alle Länder die barockesten Eskapaden mitgemacht: in der Kleidung. Im Hochbarock verrät sie nichts mehr vom menschlichen Knochenbau, nicht nur nicht bei den Männern (was man verwinden kann), sondern auch nicht bei den Frauen. Um die Mitte des 17. Jahrhunderts saßen auf den Köpfen beider Geschlechter große Federbusch-Schlapphüte und auf den Schultern breite Spitzenkragen (in Spanien und Holland vorzüglich Mühlsteinkrausen). Die Damen trugen die

Kleider lange Zeit über einer breiten »vertugale« (Reif) ohne rechten Schick, ohne Pikanterie, ganz unsinnlich. Man hatte bunte kurze Jacken mit geschlitzten Ärmeln an, Taftschärpen um die Taille, die direkt unter der Achsel saß, farbige, weite, unter dem Knie zusammengebundene Hosen oder sogenannte »Rheingrafenhosen«, deren weiße Einsätze sich wie Lampenschirme über den Waden blähten. Fielen die »Rheingrafen« weg, so bauschten und überschlugen sich dafür riesige Stiefelschächte.

Um 1700 näherte sich die Kleidung dem späteren Rokoko, war aber gröber und greller. Ein Dreispitz saß jetzt auf der großen, lockigen Allonge-Perücke, die ein Vermögen zu kosten pflegte, sofern man als ärmerer Mann sich nicht des Schwanzes edler Rösser bediente. Abends sah man aus wie Charleys Tante im schlackernden Schlafrock, eine groteske Nachtmütze auf dem rasierten Kopf, die Perücke auf dem Stativ.

Man möchte es nicht für möglich halten, daß auch Descartes, Leibniz und Molière in solchen Haute-Couture-Modellen und unter wippenden Federhüten spazierengingen.

Clownerie schützt offenbar nicht vor Geist; das läßt uns also für unsere Jugend hoffen.
Das Größte, was das Barock neben den Denkern und Musikern (Vivaldi, Bach, Händel) hervorgebracht hat, ist die Fülle von genialen Malern. Die Niederlande sind vor Malerei geradezu explodiert. Es begann mit Rubens, van Dyck und Jordaens und endete um die Wende zum 18. Jahrhundert mit einer kaum übersehbaren Schar von Kleinmeistern, alle barockbeeinflußt, wenn auch sehr verschieden. Der Prototyp blieb Rubens. Eine andere Richtung schlug die Malerei in Frankreich ein, wo Champaigne, Mignard, Le Brun, Rigaud höfische Größen waren, weit entfernt von der warmen Menschlichkeit und turbulenten Sinnenfreude eines Rubens. Dazwischen etwa die Italiener: Reni, Carracci, Cortona und die ernsteren Spanier Velasquez, Zurbarán, Murillo.
Eine neue Blüte erlebte das Fresko. Im Barock übernahm die Wand-, vor allem die Deckenmalerei zum ersten Mal (seit dem alten Rom) die Aufgabe, die Illusion eines unbegrenzten Raumes, einer endlosen Höhe zu geben.

Abseits der Strömung, abseits des aufgeschäumten Meeres der Körper und Gesten, ja geradezu Türme gegen die barocke Brandung eine Reihe von genialen Einzelgängern: Rembrandt, Hals, Vermeer, Poussin.
In Deutschland, dem armen, verbrannten Deutschland, schäumte es nur im Wasserglas, und noch bescheidener und ruhiger waren die paar Malerfiguren, die drumherum standen. Johann Liss aus Holstein ist der einzige von internationaler Bedeutung (viel zu wenig bekannt). Echte Kinder der Zeit waren eigentlich nur der Österreicher Faistenberger und der furiose Ostpreuße Willmann, der so malte, wie Rubens gemalt haben würde, wenn ihm die Palette mit der nassen Seite nach unten auf die Erde gefallen wäre.
Die Plastik, heißgeliebt und den Baumeistern unentbehrlich wie eine siamesische Zwillingsschwester, hatte fette Pfründe. Alle Bildhauer scheinen nachts von der Laokoongruppe geträumt zu haben, um am Tage dann etwas Ähnliches zu »erstellen«. Meistens wird gerungen, Held mit Held. Oder Wüstling mit Dame. Bei Bernini, dem be-

deutendsten Italiener, schultert Pluto gerade die Proserpina, und bei Giovanni da Bologna (gebürtiger Flame) macht sich ein Römer mit einer Sabinerin davon. Schlimm wird es, wenn auf einem Gewirr von steinernen Wolken heilige Theresien und Cäcilien sich schmerzlich winden – ästhetische Verirrungen, die heute noch die Nischen vieler Kirchen füllen.

Weit zuchtvoller meißelte man in Frankreich, Holland, Österreich (Donner) und Deutschland (Permoser). Einsam über allen: Andreas Schlüter, eine Verrocchio-Gestalt des Barock.

Die imposanten Barockmenschen lebten, wie nicht anders zu erwarten, in imposanten Möbeln. »Barockschränke« sind ein populärer Begriff geworden. Zehn davon bevölkern fast jede Antiquitäten-Auktion, acht davon bleiben unverkauft. Sie haben solche Ausmaße, daß sich der Besitzer einer modernen Wohnung entscheiden muß: entweder der Schrank oder ich im Zimmer. Sie haben häufig gewellte Fronten, oft sind sie von geraden oder gedrehten Säulen flankiert und mit stark vorspringenden Akanthusornamenten übersät. Elfenbein-eingelegte Kabinettschränke stehen auf hohen Beinen und treiben viele Spielchen mit Geheimschüben und Vexierfächern. Die Betten der Bürgerhäuser waren nicht selten in Nischen eingebaut, wie es die niederländischen Maler so oft dargestellt haben; in feudaleren Häusern waren es auch oft Himmelbetten mit reicher Stoffdrapierung, auf kräftigen Trägern – ein strapazierbares Hauptmöbel, man darf es glauben. Die Tische hatten gern gedrechselte Beine, zu denen schwere Teppichdecken oder Samte herunterhingen. Die Stühle blieben noch eine Zeitlang »altmodisch« geradlinig und grob, auf dem Sitz und im Querrücken häufig mit Leder bezogen. Erst in der Spätzeit bekommen die Sessel geschwungene Beine und Lehnen, unterscheiden sich aber vom Rokoko deutlich durch ihre Fülligkeit und Robustheit. Die ganze Barockeinrichtung lebt im Norden anfangs noch stark von Renaissance-Erinnerungen. Gegen Ende des 17. Jahrhunderts wohnte der barocke Geist dann auch im letzten Salzfäßchen.

Frankreich nannte die Übergangszeit vom

XIV. auf den XV. Ludwig »Régence«, und feine Leute tun das auch heute. Wir aber, nicht ganz so fein, wollen uns damit begnügen, das Bein des einen Ludwig vom Bein des anderen Ludwig unterscheiden zu können. Wo aber ein Stuhlbein Régence ist, das sehen auf den ersten Blick nur Leute, die mit verbundenen Augen auch einen Pommery von einem Mumm unterscheiden können.
Übrigens wurde auch der Sekt im Barock erfunden.

Zum Sammeln geblasen!

Als der Erzengel Michael die ersten Menschen aus dem Paradies trieb und die Pforte hinter ihnen schloß, winkte er, gutmütig wie Engel sind, Adam noch einmal heran und sagte: »Du mußt dir nun selbst ein Paradies erschaffen. Ich rate dir, sammle Briefmarken oder Tabakdosen.«

Seitdem sind viele Jahre vergangen, die Erde wurde ein Jammertal, der Mensch arbeitete und schwitzte (beides hatte er zuvor nicht getan), er erfand das Schießpulver, das Radio, die Filterzigarette und die Atombombe, er wurde immer klüger und immer unglücklicher, und je weiter die Zeit »fortschritt«, desto kleiner wurde die Zahl derer, die vom Großvater und Vater hinter der hohlen Hand noch das Geheimrezept des Erzengels weitergereicht bekamen. Das stille Paradies des Sammelns ist heute weniger bevölkert als ein Fußballstadion, wenn Ulm

gegen Wesel spielt. Ich will Ihnen auch sagen, warum: weil die meisten Menschen nicht mehr still lieben können; sie lassen sich lieber Liebe laut vorführen. Der Sammler ist ein Mann, der lieben kann. Das macht ihn selbst wieder liebenswert.
Da das Wort »lieben« gefallen ist: Frauen zu sammeln, rechnet man gemeinhin nicht zur reinen Sammeltätigkeit. Es wäre überdies die teuerste Sammelleidenschaft.
Das Glück des Sammelns dagegen soll nicht vom Reichtum abhängen. Das ist schäbig. Kaurimuscheln als Insulaner zu sammeln, für den sie bares Geld sind, ist schäbig. Aber Kaurimuscheln als Dortmunder zu sammeln, das ist etwas Königliches. Als Rüstungsmillionär Rembrandts aufzukaufen, ist kein Glücksgefühl, sondern ein Geldtransfer. Aber als Buchhalter oder Werkzeugmacher dreitausend Ansichtspostkarten von Kap Horn bis Grönland, von Samarkand bis Liverpool zu sammeln, abends unter der Leselampe die Mappen zu ordnen, über die Kästchen zu streicheln, Usambara einen Augenblick herauszuziehen oder mit Freunden eine doppelte »Corso Vittorio Ema-

nuele« gegen eine »Hafen von La Spezia« zu tauschen, das ist etwas Wundervolles. Und es ist wundervoll, auf dem Atlas mit dem Finger die Reise zurückzumachen, die das bunte Blättchen früher einmal unternommen hat.
Sammeln ist nicht etwa ein »Ersatzglück«, Gott behüte! Denn es spricht zwei der stärksten menschlichen Triebe an: den Besitzinstinkt und den Jagdinstinkt. Einem dreißigpfündigen Hecht nachzujagen ist ein Nichts gegen den Zustand, in dem sich ein Porzellansammler befindet, der in den Abendstunden und auf der Urlaubsreise in fremden Städtchen in Trödlerläden der Meißner Schwertermarke »mit Goldziffer 2« nachjagt. Er könnte sie auf einer großen Porzellanauktion kaufen – natürlich. Alles ist käuflich. Aber für 8 Mark 75 nicht. Für 8 Mark 75 aber muß sie her! Das erst erzeugt das herrliche Gefühl, ein Sammler und kein Einkäufer zu sein. Das erst gibt das zusätzliche schöne Bewußtsein, für 8 Mark 75 einen Börsenwert von 300 Mark zu besitzen.
Der Porzellansammler hat – etwa im Gegensatz zum Waffensammler – sofort einen ge-

waltigen Verbündeten: seine Frau. Er ist in weitgehendem Maße aller Finanzkämpfe enthoben. Stillschweigend über dem abendlichen, verzückten Betrachten eines Rahmkrügleins aus dem 18. Jahrhundert wird beschlossen, in der nächsten Zeit jeden Montag und Donnerstag Irish Stew, auf gut deutsch Weißkohl mit Hammelfleisch zu essen, statt Kalbsfilet. Sehen Sie, das ist Glück! Ich meine es nicht ironisch. Das ist wirklich ein Glücksgefühl, das keine Bierreise, keine Party, kein Tanzabend ersetzen kann.

Zu dem Besitz- und dem Jagdinstinkt kommt alsbald die Wißbegierde. Ich kenne einen Sammler alter Geldbörsen und antiker Sparbüchsen, der in der Schule zweimal sitzengeblieben und von märchenhafter Faulheit ist. Aber auf dem Gebiet des alten Münzwesens ist sein Interesse unerschöpflich. Er hat im Laufe von zehn Jahren eine ganze Bibliothek von historischen Werken zusammengetragen, und ihm zuzuhören, wenn er bei einem Winterpunsch von Tetradrachmen, Louisdors, Kreuzern, Thalern und Batzen erzählt, von dem Leben und Treiben im alten Nürnberg, in Wien, in Venedig, bei den Fuggern und Welsern, das ist ein Vergnügen. Ich habe ihn einmal gefragt, warum er Sparbüchsen und nicht Münzen selbst sammelt. Er antwortete: »Ich habe eine Scheu davor, weil es so ins Uferlose geht. Ich will glücklich sein mit einem kleinen Gebiet. Allerdings könnte ich mich bei den Münzen auf eine bestimmte Zeit oder eine Stadt beschränken, so wie die Briefmarkensammler etwa nur Südafrika oder nur deutsches 19. Jahrhundert sammeln. Nun ja, ... vielleicht später, wenn ich alt bin.« Ich schenkte ihm zu seinem Geburtstag ein Zehndrachmenstück, Athen, 300 v. Chr. Seitdem kämpft er.

Man kann alles sammeln und wird feststellen, daß man in keinem Falle allein dasteht. Es gibt Leute, die sammeln Streichholzschachteln mit Reklameaufdrucken aus aller Welt oder Kitschpostkarten, oder Stadtpläne, oder Prospekte über Badeorte, oder alle Darstellungen von Flugzeugen, Luftballons, Fahrrädern, vom Laufrad angefangen, Lokomotiven und Autos, oder Hinterglas-Bilder, oder alte Bücher, oder Stiche von Fischen und Vögeln. Es gibt sogar Leute, die sammeln lebende Fischchen und lebende Vögel (das sollte man aber nicht!), und zumindest was die Freude anbelangt, die sie an ihren Tieren haben, gehören sie mit zu den Sammlern. Im vorigen Jahrhundert haben z. B. die Schuster gern Finken gesammelt und hatten oft zehn bis fünfzehn Käfige in ihren Schusterstuben, und wenn jemand einen Finken hatte, der besonders schön sang (»Tambacher Doppelschlag« oder ein »Schüttelzwetschger«), dann sprach sich das unter den Schustern herum, wie es sich unter den Bildersammlern herumspricht, wenn einer einen Rembrandt entdeckt hat. Natürlich gibt es Bücher über alle Sammelgebiete, und der Mann mit dem echten Sammlerherzen hat sie bald. Und schon aus mancher Sammlung, die ganz bescheiden und unscheinbar angefangen hatte, wurde später ein populäres Buch.

Eine der schönsten Sammlungen, die ich gesehen habe, waren Porträtphotos aus den Anfangszeiten der Photographie. Es war eine so faszinierende Galerie von Köpfen, so ausdrucksstark, so rührend, so voller Atmosphäre der Jahre 1880 bis 1900, wie wir das heute nur bei den allergrößten Photographen sehen. Die Sammlung erschien in Paris als teurer, sehr gesuchter Bildband. Erlauben Sie, daß ich dieses kleine Essay beende. Ich muß zu Ruef in die Gabelsberger Straße, dort soll eine (allerdings kaputte) Eiertaschenuhr des 17. Jahrhunderts aus Würzburg für 45 Mark zu haben sein; ich kann's fast nicht glauben. Ich sammle nämlich Uhren.

»Serpentinen um den sanften Hügel,
weißt du noch?
Ach Liebster, wie die Wiesen nächtlich
schwiegen!
Wie der Flieder roch!
Vor zwanzig Jahren …
wie dumm wir waren …«

Ihr Mann, der Dichter, greift zum Stift
und ruft: »Moment! Sei still!«,
weil er die plötzliche Erinnerung
verwerten will.

Alle Jahre wieder …

Das Corpus delicti lag schon so oft auf dem Richtertisch, daß den Akten kaum noch etwas hinzugefügt werden kann. Aber Väterchen Verleger schleppt es immer wieder heran, mal grün gebunden, mal gelb, mal dick, mal dünn, mal Antiqua, mal Schwabacher, und es scheint für ihn nichts Schöneres zu geben, als wenn sich wieder ein Berufsrichter das Barett aufs Haupt stülpt und zum x-tenmal verkündigt: Der fragliche Kurt Tucholsky ist ohne Fehl und Tadel, er ist ehrlichen Herzens, er ist klug und weise, charmant und geschliffen, melancholisch und witzig und gehört ohne Zwischenlandung in den Himmel der Dichter.
Ist es so?
Jein.
Offen gestanden, ich weiß es nicht.
Der Form nach ist er das, was man in der Malerei einen »Kleinmeister« nennt, und

man fügt immer so schön hinzu, die Qualität sei vom Format unabhängig. Jawohl. Aber, wie ist das: Ich kenne viele Leute, die zwei Drehungen einer Eispirouette ganz vorzüglich schaffen, geradezu verblüffend, aber dann lassen sie rapide nach. Es gibt Tennisspieler, die alle ersten Sätze gewinnen; warum geht es bei Meisterschaften aber über fünf? Warum boxen Boxer über fünfzehn Runden? Warum sehnt man sich, wenn man die Wände mit lauter Miniaturen behängt hat, nach einem ausgewachsenen Bild? Warum wünscht man wortkarge Menschen, um die man sich bemüht, zur Hölle?
Verstehen Sie, was ich meine? Das verdammte Wörtchen »klein« bekomme ich nicht aus dem Ohr. Ich möchte Tucholsky einmal, ein einziges Mal wenigstens, nach Metern messen. Er läßt sich nicht, er ist stets zu kurz. Die Großen aber lassen sich. Was soll man davon halten? *Das* ist mein Unbehagen, wenn die Kritiker bei dem Namen Tucholsky anfangen, in die Harfe zu greifen und dazu psalmodieren.
Er hat herrliche Seiten geschrieben, manche Sätze erhellen wie ein Blitz die Zeit in ihrem

Wahn: »Der Mensch hat zwei Überzeugungen, eine, wenn's ihm gut geht, und eine, wenn's ihm schlecht geht. Die letztere heißt Religion.« Oder: »Auf meinem Boot ganz allein … und wie Sirenen mit schwimmendem Haar/ ziehn im See meine Sorgen.« Viele, viele seiner Worte haben längst Flügel bekommen, wie bei Erich Kästner. Nein? Kein Vergleich? Oh, Pardon, ich dachte.

Ich dachte sogar, ich hätte damit für Tucholsky ein Auge zugedrückt. Denn Tucholsky hat einen außerordentlich schwachen Punkt: Das ist sein Glaube, daß alle Menschen, die noch mit dem Klappmesser essen und schwarze Fingernägel haben, gut und alle Saturierten böse sind. Die Eierschalen des frühen Illusionskommunismus, den die Ereignisse längst grotesk überholt haben, haften ihm noch an. Das ist nicht »Zeitgebundenheit«, sondern schlicht Mangel an Sehschärfe.

In »Kleine Station«, die so reizend geschrieben ist, sagt er: »Wo die Liebespaare wohl hingehen? Wahrscheinlich in die Felder. Die Gemeinde zählt 1245 Seelen, da heißt es fleißig sein, der Kaiser braucht Soldaten …«

Hmm. Nur der Kaiser? Nicht auch die Kirche? Oder vielleicht die demokratische Bundeswehr? Oder das kommunistische China? Ich kann nicht finden, daß solche Erscheinungen unwichtig sind.
Oder: »Der Mensch ist ein nützliches Lebewesen, weil er dazu dient, durch den Bergmannstod den Profit der Grubenherren zu erhöhen ...« Nicht doch, Tucholsky!
Eines ist allerdings richtig: In einer so verlogenen Zeit, wie der heutigen, können die Pfeile ruhig um 45 Grad abirren, sie treffen die dicken Lügen immer noch. Das ist das Hauptingredienz seiner Unsterblichkeit. Sein gutes Herz, sein Menschentum, seine Aufrichtigkeit. Ein seltsamer Mann. Er hat den Kampf geliebt (sagte er) und hat den Selbstmord vorgezogen. Er hat Knut Hamsun geliebt, wie er 1928 gestand, und sich über Thomas Mann lustig gemacht. Er hat »Mutterns Hände« geschrieben und zugleich Hunderte von Seiten voll Sachen wie »Lottchen«, »Wiederaufnahme«, »Ein Ehepaar erzählt einen Witz«. Das ist reiner Jo Hanns Rösler.
Wenn er dereinst am Jüngsten Tage vor der

Pforte des Dichterhimmels steht, möge er seine Gesammelten Werke unter den Arm nehmen, nicht diese »Ausgewählten Werke« aus der Reihe der »Bücher der Neunzehn«, sonst hat er keine Chance. Allein schon, weil die Seiten 244 bis 252 (2. Band) ohne Brille kaum zu entziffern sind, jedenfalls in meinem Exemplar.
Allerdings bekam ich's gratis.

Aphrodite auf dem Laufsteg

Es ist das klassische Herrenabend-Thema, so recht dazu angetan, die Augen fromm aufzuschlagen und zu fragen: »Wieso? Was haben Sie dagegen, Madame? Es handelt sich um das berühmte Paris-Urteil! Andra moi ennepe mousa! Erinnern Sie sich – Homer, Hellas, Troja!«
Ja, Madame erinnert sich, allerdings nur schwach. Und so schluckt sie die Bemerkung hinunter, daß das Thema, seines mythologischen Ursprungs entkleidet (ach, schon wieder das Wort ›entkleidet‹), eigentlich ungewöhnlich frech und unanständig ist. Hier mustert also Paris in aller Behaglichkeit drei nackte Frauen, und daß es Göttinnen sein sollen, ändert an der Lage gar nichts. Aber es ist Homer, honi soit qui mal y pense.
Homer ist als Alibi immer etwas Schönes. Nun ist die Sache aber dummerweise die: Homer erzählt die Geschichte vom Paris-Ur-

teil gar nicht. Nirgends. Das tut vielmehr Lukian, und der ist als Referenz mit Homer nicht zu vergleichen. Immerhin ist er klassisch, und es wäre wenigstens einigermaßen in Ordnung, wenn sich bei ihm irgendein Hinweis fände, daß die drei Göttinnen nackt gewesen sind, als sie vor Paris erschienen. Aber davon schreibt er nichts. Kann er auch nicht. Athene legte niemals ihre Kleider ab, auch Hera nicht; es gibt kein einziges griechisches Standbild, das sie nackt zeigte.
Hier liegt also ganz offensichtlich bei allen Männern der Welt eine sogenannte geistige Fehlleistung vor.
Diese geistige Fehlleistung, wie wir sie diskret nennen wollen, steht nicht allein da, sie gehört kulturgeschichtlich zu einer ganzen Gruppe von Finten, von Bemäntelungen; alle aus dem späten Mittelalter, das sich durch diese Kaschierungen von den herrschenden Tabus befreien wollte. So gehört das Motiv »Adam und Eva« dazu, und so hat Meister Francke bereits 1415 die Marter der heiligen Ursula dazu benutzt, die zierlichen, stillen Mädchenakte zu malen, die das Entzücken seiner Zeitgenossen waren.

Je näher Renaissance und Humanismus rückten, desto kühner wagte man sich vor. Aber immer noch bedurfte es der Tarnkappe; nicht nur in der Malerei, auch im Leben. Eine alte Chronik um 1500 erzählt, wie sich ein vornehmes Ehepaar zu einer Abendeinladung auf ein sogenanntes »Freßgütlein« vor den Toren der Stadt begibt; als es in die warme, mit Teppichen belegte Halle eintritt, ist gerade die Pantomime »von den dreyen nacketen göthinnen von Troya« im Gange. – Man könnte meinen, daß liberale und humanistisch gebildete Menschen schon damals den thematischen Vorwand nicht mehr ernst nahmen, etwa so, wie man sich heute mit amüsiertem Lächeln an den Laufsteg einer »Miss-Wahl« setzt. Ein Mann wie Lucas Cranach, Lutherfreund, Weltmann, weitgereist, lacht auch tatsächlich aus allen Augenwinkeln, wenn er die drei »Göttinnen« malt. Das sind Tischlermeisters Bärbel, Baders Stine und das Gretchen vom Lamm-Wirt, die er da, Spaßvogel und mitleidloser Gourmet, sich zieren und sich winden läßt. Auch weiß kein Mensch mehr, wer Aphrodite, wer Hera und wer Athene sein soll. Hermes, der

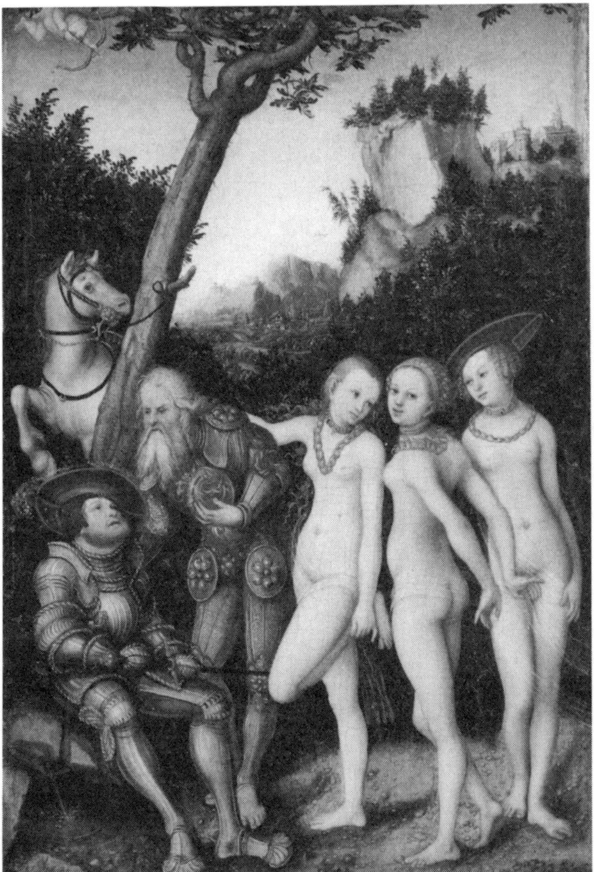

Lucas Cranach d. Ä., Das Urteil des Paris. 1530
Holz, 35 × 24 cm
Karlruhe, Staatliche Kunsthalle

Götterbote, ist ein liebenswürdiger, weißhaariger Herr, selbst schon jenseits von Gut und Böse, der nichts weiter will, als eines seiner drei Töchterchen an den soeben aus dem Schlaf erwachten, noch ganz benommenen Ritter Paris zu bringen. Den kürzesten Kommentar zum Ganzen drückt das Pferd aus, es sagt ganz offensichtlich: »Ei, ei!« Besseres kann man zu dem Inhalt auch nicht sagen; malerisch ist das Bild ein Juwel.

Eine auffallend kuriose Darstellung des Themas ist die von Nikolaus Manuel Deutsch. Sie ist viel grotesker und dennoch weniger ironisch, viel phantastischer, und dennoch naiver, viel unglaubwürdiger und dennoch gläubiger. Manuel Deutsch war ein seltsamer Geist. Er lebte in Bern (1484 bis 1530), stammte aus bescheidenen Verhältnissen, hat nie eine humanistische Schule und nie eine Malerlehre durchgemacht, wurde Ratsherr und schweizerischer Landvogt und war neben seiner Malerei ein leidenschaftlicher Sonntagsdichter. Er hat eine ganze Reihe von Fastnachtsspielen geschrieben. Wenn man das weiß, und dazu noch, daß er eine Zeitlang Landsknecht war, so versteht

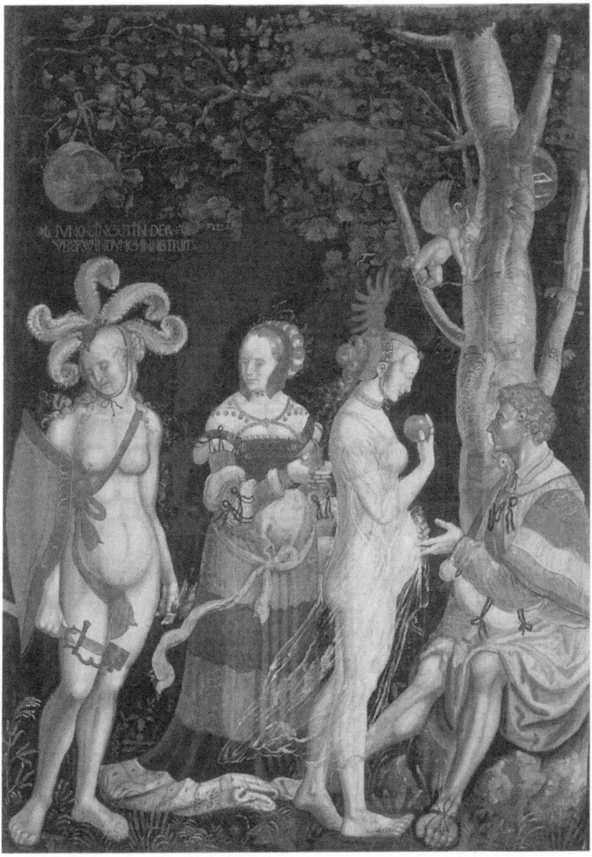

Niklaus Manuel, genannt Niklaus Manuel Deutsch,
Das Urteil des Paris
Tempera auf Leinwand, 223 × 160 cm
Basel, Öffentliche Kunstsammlung

man das Bild: das Marketender-Milieu, die Federbüsche und die Theater-Atmosphäre aus dem Reiche des Hans Sachs.
Das Paris-Thema ist unsterblich geblieben, über die Manieristen und Rubens bis heute, aber nichts kommt dem Charme jener alten Bilder gleich, die noch das reizvolle »schlechte Gewissen« hatten.

Adieu für Signorellis »Pan«

Das Bild, das 1945 in Berlin in Flammen aufging, hieß »Das Reich des Pan«, die Maße waren 1,94 mal 2,57 m, der Maler: Luca Signorelli, geboren 1441, gestorben 1523 in Cortona.

Sie werden das Bild wohl nie gesehen haben, vielleicht haben Sie nicht einmal davon gehört. Das wäre verständlich, aber es macht meine Aufgabe schwierig. Ich bin in der Lage eines Mannes, der Sie auffordert, von etwas Abschied zu nehmen, das Sie gar nicht kennengelernt haben.

»Der bocksfüßige Pan, aus dessen Zügen das hoheitsvoll Pathetische der Natur selbst spricht, sitzt im stillen Sonnenuntergangslicht, und die zarte Mondsichel krönt seine Locken. Nackte, große Urgestalten stehen rings um ihn, der junge Olympos spielt die Flöte, und ein anderer Jüngling liegt zu seinen Füßen und spielt auf der Rohrpfeife.

Sie halten feierliche Zwiesprache, und ihr Thema lautet: ›Das Dichterische auf Erden wird niemals verlöschen.‹ Der Sonnenuntergang zeugte sie mit dem Tau der Erde, und flüsternd künden sie die Geheimnisse der großen Mutter.« (Bernard Berenson).

Als Luca Signorelli 1491 – schon als berühmter Mann – nach Florenz kam, in das Herz der Toscana, da ist etwas Seltsames in ihm aufgesprungen, etwas, was auch heute noch, nach einem halben Jahrtausend, den einsamen Wanderer an den sonnendurchglühten Olivenhängen befällt: die Ahnung von den Göttern der Antike, die Sehnsucht nach den durch die Haine davongaloppierenden Satyrn, nach dem schnarchenden Silen und dem flötenspielenden Pan.

Signorelli kam von Siena hergeritten; die alte strada senese überwindet bei Ponte a Ema den letzten Hügel und gibt dann zum ersten Mal den Blick frei auf das Arnotal, in dessen Mitte das (damals wie heute) steinerne Florenz wie ein Athen im attischen Mittag liegt.

Vom Giottoturm des Domes läuteten die christlichen Glocken, aber die Luft roch

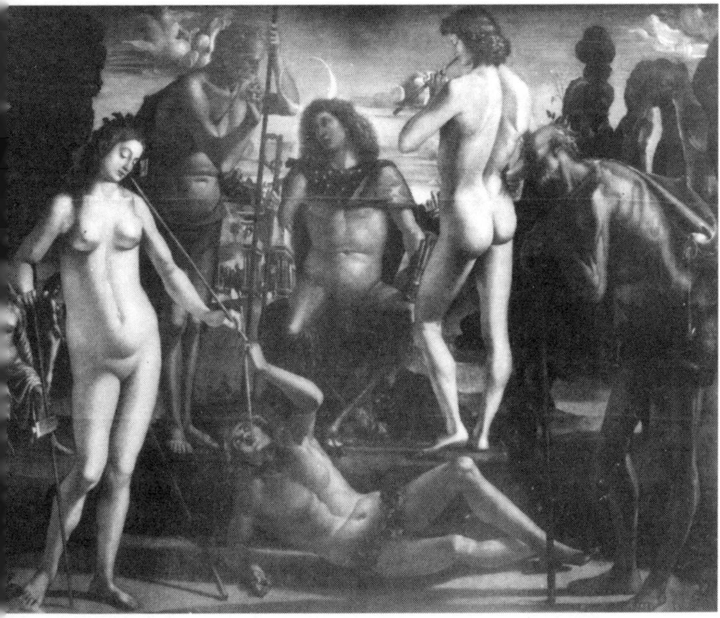

Luca Signorelli, Pan als Gott des Naturlebens,
um 1490
Berlin, Staatliche Museen (Kriegsverlust)

heidnisch. Er war der erste, der es wahrnahm. Er stammte aus der braven »Provinz« und kam gerade aus dem päpstlichen Rom, die Nase noch voller Sixtinischer Kapelle; er mußte es wissen. Und er wußte es schon, als er Florenz unter sich liegen sah.

Bisher hatte er nichts als fromme, christliche Bilder gesehen und nichts anderes gemalt. Die ganze Welt, soweit er sie kannte, dachte in solchen Bildern. Noch vor vier Wochen, in Rom, lebte er in Gedanken zwischen Jüngsten Gerichten, Moses, Marien und Heiligen. Was war das, was ihn hier überkam? Eine kurze Stimmung? Eine flüchtige humanistische Erinnerung? Nein, es war ein neues Lebensgefühl, ein sanftes, ein ins Heidnische verklärtes.

Gibt es für das Alter etwas Schöneres, als sich von Hölle und Verdammnis zu befreien und zu einem besonnten apollinischen Frieden zu kommen?

Herr in Florenz war zu diesem Zeitpunkt Lorenzo il Magnifico. Der hochgebildete Mediceer bestellte bei Signorellis Ankunft sofort ein Gemälde bei ihm – ohne zu wissen, was es werden würde. Es wurde unser

Bild, die Hymne an Pan. Eines ist sicher: Signorelli selbst wird überraschter gewesen sein als Lorenzo Medici.
Es hatte einen Vorläufer gegeben, und Lorenzo besaß schon Bilder von ihm, nämlich Antonio Pollaiuolo, älter als Signorelli und Florentiner, das heißt also beinahe: Athener von Geblüt. Aber niemand vor Signorelli, auch Pollaiuolo nicht, hat das heidnisch Körperhafte und die melancholische Verzauberung so deutlich gespürt, so stark erlebt und so feierlich gemalt. Die Körper – wenn man sich nur einmal die Mühe macht, sich hineinzusehen – sind eine ganz rätselhafte Mischung von Plastizität und Flächigkeit, von tiefer Bronze und Traum-und-Schaum. Er wollte das Weltgefühl längst vergangener Zeiten, so wie es ihn beim Betreten von Florenz verzaubert hatte, in dem Schönsten malen, was die Antike besessen hat: in dem vegetativen Körper. Eine Generation später machte Michelangelo es zu seinem künstlerischen Glaubensbekenntnis.
Giorgio Vasari, der uns die Lebensbeschreibungen der großen Renaissancemaler hinterlassen hat, schildert Signorelli als milden,

abgeklärten und immer freundlichen Mann. Die Vasaris in Arezzo waren Verwandte der Signorellis von Cortona. Giorgio Vasari hat Luca Signorelli selbst noch erlebt: »Er wohnte (1519/20) in unserem Hause in Arezzo, woselbst ich als ein Kind von acht Jahren war, und ich entsinne mich sehr wohl des guten alten Herrn. Der Lehrer, der mich im ersten Anfang der Wissenschaften damals unterrichtete, klagte ihm einmal, ich täte in der Schule nichts als Figuren zeichnen. Ich erinnere mich gut, wie sich darauf Luca an meinen Vater wandte und sagte: ›Laß den kleinen Giorgio auf jeden Fall zeichnen lernen, es gereicht der Bildung nur zur Ehre.‹ Er sprach dann noch vielerlei Schönes zu mir, was ich aber verschweigen will, weil ich sehr wohl weiß, daß ich die Erwartungen nicht erfüllt habe. Als er einmal sah, daß ich an Nasenbluten litt, band er mir mit eigener Hand einen Jaspis um den Hals.(!) Als er Arezzo wieder verließ, gab eine große Menge ihm das Ehrengeleit. Alle diese Erinnerungen an Luca werden mir fest in der Seele bleiben.«

»Pan« ist Signorellis bedeutendstes und interessantestes Werk gewesen. Vom Kunstgeschichtlichen her unersetzlich.

Was bleibt?
Das Kardiogramm der Künstler.

»Die Treppe ist aus späterer Zeit«
Ein Museums-Besuch

Sieh mal«, sagte Bele, als sie endlich auf die schlichte gutshausähnliche Heimstatt des Meisters zugingen, »sieh mal, Hannes, Geliebter: So, wie Spießer es genießen, einmal etwas ganz Verrücktes zu unternehmen, so genieße ich es, einmal etwas ganz Spießiges zu erleben. Verstehst du das?«
»Mit Mühe, Bele.«
»Indem wir in das Justus-Kerner-Haus gehen, schlagen wir über die Stränge!«
»Bele!« Hannes blieb stehen: »Daran ist etwas Wahres!«
»Was heißt etwas Wahres – es ist überhaupt das Aktenzeichen unserer Fahrt nach Weinsberg. Hast du das nicht gewußt?«
»Nein.«
»Dann denk jetzt über diese Erkenntnis nach.«
»Heute abend.«
»Heute abend wirst du keine Zeit haben.«

Das blockierte für einen Augenblick seine Beine. Aber Bele beachtete es nicht, sie ließ ihn stehen und marschierte zum Eingang.
Es gibt Eingänge, die muß man Entree nennen. Der zum Kerner-Haus war eines. Es befand sich in dem Winkel, mit dem der viereckige, sommerfrischlerisch luftige Turmanbau an das Haus stieß. Über der Tür stand »Salve«, neben ihr stand »Bitte Schuhzeug reinigen«. Hannes, mit schmerzlich duldendem Gesichtsausdruck, deutete mit dem Kinn auf die beiden Inschriften und murmelte: »Seine populärsten Aussprüche. Vor allem der zweite.« Bele fiel darauf rein und blickte in die Richtung, in der er immer noch mit dem Kinn zuckte.
Sie runzelte die Stirn, so scharf sie konnte.
»Hannes ...«
»Jawohl?«
»Hast du die Absicht, jetzt diejenige, die uns öffnen wird, anzublödeln?«
»Nein, ich habe nur ...«
»Versprichst du mir, die Frau nicht ...«
»Ich tue ja gar nichts.«
» Versprichst du mir?«
»Jawohl. Ich sage kein Wort.«

Erstens jedoch war es keine Frau, die auf Beles Klingeln öffnete, sondern ein Mann, und zweitens sagte Hannes sofort etwas.
Sie standen eine Stufe tiefer als der Mann, der riesengroß und dürr war. Hannes fing bei den karierten Hausschuhen zu blicken an und blickte sich langsam aufwärts. Als er den Kopf im Genick liegen hatte, sagte er: »Hallo.«
Bele fuhr ihm so schnell dazwischen, wie sie konnte; sie lächelte: »Wir würden gern das Museum besichtigen.«
Der Hagere stieß seinen linken Arm wie ein Rapier vor, winkelte ihn dann mit einem ebensolchen Ruck an und warf einen Blick auf die Armbanduhr, die auf diese einfache Weise unter dem Ärmel zum Vorschein gekommen war. »Tcha«, nickte er. Darauf nannte er als erstes die Höhe des Bakschisch. Es betrug pro Person 70 Pfennige. »Siebzig?« greinte Hannes, »das ist enorm für Justinus Kerner. Dann müßte, das werden Sie zugeben, Herr Kustos, der Eintritt bei Uhland 1 Mark, bei Hemingway 1 Mark 50, bei Fontane 10 Mark, bei Karl May 30 Mark, bei Schiller 40 Mark und bei Goethe 71 Mark 80 kosten.«

Der Hagere starrte auf Hannes herab. »Das«, antwortete er verwirrt, »begreife ich überhaupt nicht, junger Mann. Ich sehe nicht einmal einen Ansatzpunkt. Übrigens«, fuhr er fort, »bin ich nicht Kustos. Die von der Kerner-Stiftung eingesetzte Verwalterin ist eine Dame, die heute ausnahmsweise abwesend ist und lediglich für diese Zeitspanne von mir auf der Basis freundschaftlicher Übereinkunft vertreten wird. Nicht ersetzt. Ich selbst bin ja etwas völlig und absolut anderes. Gewesen, natürlich.«
Er wiederholte noch einmal »gewesen«, und seine Rechte vollführte dabei die sogenannte Tempi-passati-Bewegung, die von einigen Folklore-Forschern auch als »Verlorenes-Rittergut-im-Osten-Geste« bezeichnet wird. Sein Gesicht verfinsterte sich bei der Erinnerung.
»Ja«, sagte Bele und ließ die Sonne wieder aufgehen, »nun würden wir schrecklich gern das Haus besichtigen. Und Eintritt zahlen.«
»Tcha«, nickte der Hagere, »wollen Sie einstweilen mit der Besichtigung beginnen, indem Sie hier links eintreten und zunächst

diesen Teil in Augenschein nehmen, während ich den Hund entferne und mich um die Billette kümmere. Junglehrer?«

»Ich?« fragte Hannes zurück.

»Ja?«

»Nein.«

»Nun« – er nickte wieder mehrmals – »gut. Hier links, bitte.«

»Bele«, sagte Hannes, als sie allein waren, »blicke um dich! Schrecklich, wie? So sah unser Botanikzimmer in der Penne aus. Bloß lagen da in den Vitrinen keine Manuskripte, sondern Kartoffelkäfer. Dieser Mann, Bele, war einstmals Steißtrommler, das ist dir doch klar? Oder siehst du keinen Ansatzpunkt? Wollen wir abhauen?«

»Du bleibst, Hannes.«

»Er wird uns abfragen und Zensuren geben.«

»Sei nicht albern. Schau mal, hier liegen die Hefte, in die Kerner seine ersten Gedichte geschrieben hat. War Kerner ein richtiger Dichter, Hannes? Ich meine, wenn er ein richtiger Dichter war oder sonstwie eine Figur, dann ist es ein Unrecht, ihn uns zu unterschlagen.«

»Ich will dir mal was sagen …«
»Nein. War er ein Dichter, Hannes? Wenn er keiner war, dann ist das hier wie der ausgestopfte Mops meiner Großmutter. Wenn er aber einer war, dann ist es ein Unrecht, uns …«
»Bele, es haben sich, sofern er überhaupt ein richtiger Dichter war, im Laufe der Zeit einige Tausend seiner Größenordnung angesammelt, die selbst von den heutigen Steißtrommlern nicht mehr bewältigt werden. Daran wird's liegen. Vielleicht hat er immer nur den Mond angesungen.«
»Und was singen wir an?«
Er warf ihr von unten herauf einen Blick zu.
»Soll ich dir für die Rückfahrt einen Fiaker bestellen?«
»Quatsch. Sag!«
»Was?«
»Was *wir* ansingen!«
»Wer wir? Hemingway den Schnaps, Brecht die Mutter Courage, der Dings – wie heißt er denn schnell – das Billard um halb zehn …«
Aber Bele hörte nicht mehr hin.
»Sieh mal«, sagte sie und beugte sich über eine Vitrine, »das ist hübsch:

Wohlauf, noch getrunken
den funkelnden Wein ...«

»Alle ersten Zeilen sind hübsch. Aber dann! Was ist eigentlich mit dir los, Bele?«

»Mit mir? Mit dem Kerner! Das kommt mir hier vor wie – wie nennt man die Städte, die heute unter dem Wüstensand liegen?«

»Ruinen.«

»Hannes! Verdammt noch mal!«

»Tut mit leid, Bele. Ruinen.«

»Du Materialist! Mein Chef ...«

»Hahaha«, lachte Hannes, »jetzt läßt du deinen Bürohengst wiehern, wie?«

»Ach, du ekeliger Kerl. Ich hasse dich.«

»Ich möchte dich hier mitten im Klassenzimmer aufspießen wie einen Kartoffelkäfer.«

Sie fixierte ihn schweigend, während er abwartend dastand. Dann machte sie eine Kniebeuge, um ihren Hosen einen neuen Sitz zu geben.

Er wurde unruhig. »Wollen wir nach Hause gehen? Ins Hotel? Ja?« Sie wandte den Blick hoheitsvoll von ihm ab und tippte sich an die Stirn.

»Bele! Oder? Jetzt, hier?«

»Wenn du willst, daß ich vor Angst sterbe ...«
»Sag mir nur«, flüsterte er, wobei er aus dem Fenster blickte, »ob es schön wäre.«
»Du bist verrückt.«
»Nicht schön?«
In diesem Augenblick tauchte der sehr lange, hagere Alte wieder auf.
»Was ist schön?« fragte er.
»Sehr schön, das hier«, antwortete Hannes.
»Was?«
»Dieses Zimmer von Justinus Kerner.«
»Dieses Zimmer hat Kerner nie gesehen, junger Freund. Hier war der Pferdestall.«
»Oh!« Hannes erbleichte innerlich. »Aha. Aber der andere Raum ...«
»Auch nicht. Er bildete die Einfahrt. Und der nächste war die Remise für die Kutsche.«
»Aber der Treppenturm ist sehr hübsch. Die Vorstellung, daß Kerner ...«
»Der Turm ist neu. Sein Sohn hat ihn erbaut.«
Hannes lächelte. »Wenn dem allen so ist, muß das Haus ja ungewöhnlich scheußlich gewesen sein, nicht wahr?«
Bei diesen Worten verwelkte der Hagere. Seine Augen, hoch oben, verschleierten

sich, und er senkte den Kopf. »Dieses Haus«, begann er schließlich wieder, »das ländliche Heim eines empfindsamen, romantischen Dichters und segensreichen Arztes des neunzehnten Jahrhunderts, muß ungewöhnlich schön gewesen sein. Jedweder, der es betrat, scheint leicht darüber hinweggesehen zu haben, was es an Unzulänglichkeiten besaß, niemand hat etwas anderes bemerkt als seinen herrlichen Frieden und die Herzensruhe seiner Bewohner, so da waren Justinus Kerner, groß, behäbig, dankbaren Gemütes, genießend und froh, sowie sein Weib, sein treues Riekele, sein Glück, ohne das er, als es von ihm ging, nicht mehr leben mochte; ohne sein Riekele. Ja, so war das. Vor den Fenstern hingen weiße Tüllgardinen, die Sonne ...«
»Verzeihen Sie, aber sagten Sie nicht, dies sei der Stall gewesen?« schaltete Hannes vorsichtig ein.
»Ich spreche von dem oberen Stockwerk. Wollen Sie mir bitte folgen? Die Treppe ist aus späterer Zeit.«
Sie stiegen zu den Wohnräumen empor. Es waren liebe, bescheiden eingerichtete Zim-

mer, wie man sie bei jungen Vikaren findet, wo auch die Bücher und das mit weißen Nägeln beschlagene Sofa, das Rauchzeug und die verblichenen Tapeten den Zauber der Ärmlichkeit ausmachen, aber einer Ärmlichkeit, die dafür die Angst des großen Lebens und der Welt nicht kennt. Wo es schön ist und nicht beängstigend, daß die Tage vergehen, die Sommer und die Winter, daß der Regen rinnt und die Gewitter über das Dach hinwegziehen, und »daß die grauen Haare kommen und die Liebe zum Abendrot«, sagte der Hagere.
Hannes stand mit einer Miene da, von der Schiller gesagt hätte: »Die Ritter schauten mutig drein, und in den Schoß die Schönen.« Bele hatte ›Abendbrot‹ verstanden.
»Das ist ja ein irrer Schreibtisch«, sagte Hannes.
Bele lachte. »Er ist wirklich komisch.«
Der Hagere strich mit seiner pergamentenen Hand über das Filigran der Laubsäge-Arbeiten: »Es ist der Schreibtisch Justinus Kerners. Er hat ihn selbst gemacht.«
»Wie – den ganzen Schreibtisch?«

»Jawohl.«
»Warum?«
»Warum? Auch ich habe mich das gefragt und bin zu der Hypothese gekommen, daß es in Kerners Leben wie in unser aller Leben, die wir geistig arbeiten, Zeiten gab, da er den Händen wieder die Aufgabe, zu erschaffen, zugestehen mußte. Vielleicht etwas schwierig – sind Sie Journalist?«
»Nein«, antwortete Hannes.
»Na gut«, nickte der Hagere, »gehen wir weiter.«
Dies war jetzt das Schlafzimmer. Jedenfalls hing eine alte farbige Zeichnung an der Wand, die das Fußbodenmuster und andere Charakteristika wiedergab und Betten aufwies.
»Aha, das Schlafzimmer«, sagte Bele schnell, um noch zurechtzukommen.
»Ja«, bestätigte der Kerner-Priester, »wir wüßten es nicht, denn sein Sohn hat die Anordnung des Hauses geändert, aber dieses Bild beweist es. Es ist die Struktur dieses Raumes, die es darstellt.«
Hannes lachte.
Bele sah ihn mit Opferlamm-Augen an. »Na,

jedenfalls ist es das Schlafzimmer, nicht wahr?«
»Unsinn.«
»Was ist Unsinn?«
»Daß das Bild diesen Raum darstellen soll.«
»Hannes, die Atmosphäre ...«
»Na schön. Dann inhaliere nur recht tief.«
»Hannes, die Musterung des Fußbodens und ...«
»Die Proportionen sind völlig andere. Hier können nur die Sieben Zwerge geschlafen haben.«
Bele warf einen scheuen Blick auf den Hohenpriester, der bereits im Tetanus lag.
Während Hannes, eine Schuhlänge vor die andere setzend, die »Bettwand« abmaß und dabei auf etwa achtzig Zentimeter kam, hatte sich der Hagere wieder gesammelt.
»Lassen Sie nur«, wehrte er ab, »lassen Sie nur. Auch wir haben uns darüber durchaus Gedanken gemacht, seien Sie sicher. Seien Sie ganz sicher. Aber uns erscheint die Diskrepanz durchaus erklärlich.«
Hannes drehte sich um und wartete.
»...leicht erklärlich: Das Bild ist verzeichnet.«

Hannes ließ sich diesen Satz noch einmal sagen.
Bele, die bereits wieder in Ängsten schwebte, stampfte mit dem Fuß auf und rief ärgerlich: »Herrgottnochmal!«
»Ich habe nichts gesagt«, flötete Hannes.
»Schnecke, ins Haus!«
»Ich hab nichts gesagt, kein einziges Wort.«
»Steck endlich die Pistole weg; wo sind wir denn!«
»In Unna.«
Bele zu dem alten Herrn: »Entschuldigen Sie. Ich habe Sie unterbrochen.«
»Diese Führung«, stotterte der Hagere, »nimmt Wendungen, denen ich nicht gewachsen bin. Ich …«
»Vielleicht können wir weitergehen?«
»Ja. Jawohl. Gehen wir weiter.«
Das taten sie. Es ist das geringste aller Kunststücke, die man in einem Museum vollbringen kann.
Hannes schwappte hinterdrein, um in einigem vorsorglichen Abstand von Bele zu bleiben. Er hatte die Ohren auf Durchzug gestellt, die Hände in die Hosentaschen gebohrt, während seine Augen das Arbeiten

der peripheren Formen des vor ihm schreitenden Mädchens studierten.
So entging ihm auch die Einführung in das Mysterium der nächsten Räume. Er überhörte in seiner Versunkenheit, daß diese Zimmer von Kerners Sohn, Theobald, seines Zeichens ebenfalls Arzt, in einen exzentrischen Zustand versetzt worden waren, um seine Gemahlin zu empfangen, die sagenumwobene »schöne Else«. Nach den Bruchstücken des Vortrags urteilend, hatte Hannes die schöne Else im Verdacht, ein makaberer Champignon gewesen zu sein, der, aus einem Mittelding zwischen Altheidelberg und Unna kommend, dem Doktor Theobald im Spätfrühling des Lebens gefolgt war, um hier in Weinsberg einen dollen tannhäuserschen Venusberg aufzuziehen.
»Ja«, sagte in diesem Moment der Hohepriester und zelebrierte im Durchgang zwischen zwei Zimmern das Zurückschlagen eines gedachten Vorhangs, »so pflegte die schöne Else, jenes prächtige, wunderbare Weib, den Perlenvorhang, der damals hier hing, zu teilen und aus ihrem Boudoir herauszutreten. Ja, da begreift man wohl ... Nun, also.

Dieses Boudoir war übrigens ganz in Rot gehalten, sogar die Fensterscheiben, denn Rot stand der schönen Else besonders gut. Der Eindruck, den sie machte, wenn sie so in den Salon trat, muß ein ganz außerordentlicher gewesen sein. Es ist überliefert, daß einmal eine Offiziersabordnung aus Heilbronn ...«

»Altheidelberg.«

»Wie bitte? Wieso?«

»Ich dachte nur.«

»Nein – eine Offiziersabordnung aus Heilbronn erschien, um ihr, verstehen Sie recht, ganz einfach eine Huldigung an Frauentum und Schönheit darzubringen, und daß die Chargierten bei ihrem Anblick in eine Sprache verfielen, wie sie emphatischer kaum am Theater gesprochen wurde. Das war Musik in den Ohren der verwöhnten Frau. Allerdings eine andere Musik als die, die Justinus Kerner gemeint hatte, als er den prächtigen Vers schrieb, den Sie wohl unten in der Vitrine gelesen haben: In Schloß und Burgeshallen/die Spindel emsig sang./Den deutschen Frauen allen/war es ein lieber Klang ... Nun, also –

Justinus Kerner war zum Schluß fast erblindet ...«
»Von Else?« fragte Hannes ernst.
»Und dies ist der Garten, ja?« hüpfte Bele dazwischen und trat an die Verandafenster, »darf man ihn betreten?« Der Kerner-Priester nickte stumm und schritt voran.
Der Garten stand, das konstatierte Hannes als erstes, prächtig im Kraut.
»Ja«, sagte der Alte, »trotz der Schafe, die wir von Zeit zu Zeit hereinlassen.«
Hannes sah ihn überrascht an. Aber es war nicht zu ergründen, ob die Antwort einen doppelten Boden gehabt hatte.
Bele lachte.
»Wir kommen nun«, fuhr der Hagere fort, der wie Old Wabble die Prärie durchmaß, »zum Geisterturm.«
»Ah« – machte Bele mit allen Gesichtszügen und ließ vor Vergnügen die Kruppe stärker tanzen.
Der Geisterturm – den kernerschen Garten gen Westen abschließend – war ein Rest der einstigen Stadtmauer, die hier vorbeilief, so schnell sie konnte. Eine malerisch winklige Steintreppe führte zu dem Turm, der gleich

einer gut erhaltenen Jacketkrone auf der morschen Mauer saß. Jedoch er war alt und echt; er war gedrungen, zyklopisch, eisenverriegelt und verbolzt und eng, kurzum eine Augenweide. Das Innere war so recht dafür geschaffen, das Alte Testament aus dem Hebräischen ins Etruskische zu übersetzen. Sogar das Wandschränkchen für den Bommerlunder war da. Eingang und Fenster lagen in den Mauern eingebettet wie zwei Löcher in einer zu dicken Scheibe Emmentaler. Ein massiger Tisch und eine Sitzgelegenheit füllten die Mitte, das heißt, der Raum besaß nichts als Mitte. Gleich linker Hand stand das verlassene Gehäuse eines Ritters. Es stand von selbst und noch genauso, wie der Besitzer ausgestiegen war.

In diesem Turm, so begann Old Wabble, habe Nikolaus Lenau seinen »Faust« geschrieben. Hier erfuhr Bele zum ersten Mal und zu ihrer Überraschung, daß es zwei Fäuste gab, sofern sie den Namen soeben richtig verstanden hatte.

»Und«, sagte der Hagere, zum Fenster tretend, »hier befand sich ein kleines Kanönchen, versehen mit Pulverpfanne und

Brennglas. Sobald die Sonne Punkt zwölf Uhr die Linse erreicht hatte, flammte das Pulver auf und löste in dem Kanönchen einen Böllerschuß aus. Auf, zum Mittagessen! hieß das. Das Riekele ruft! Sie erinnern sich ...?«

»Natürlich.«

»Ja, es ist natürlich. Also. Dann, bei diesem Schüßchen, strömten die Gäste guten Mutes und fröhlichen Herzens zu Tisch. Denn, müssen Sie wissen, Kerner kannte nichts Schöneres, als liebe, geistvolle, bedeutende Menschen um sich zu haben, und mitunter vermochte das Haus die Gäste nicht zu fassen, und man kampierte in Zelten im Garten.«

»Tatsächlich?« staunte Bele und tat, was jeden Museumsführer hell entzückt: Sie trat an die Tür und warf einen Blick zurück.

»Aber wo ist die Kanone?« fragte Hannes, »ging sie den Weg aller Kanonen?«

Der Alte legte seine Züge in Vinaigrette ein. »Ja, man könnte es so nennen. Sie wurde gestohlen.« Darauf fiel er in Schweigen. Nach einer Weile fügte er hinzu: »Die Menschen sind miserabel. Na, ja.« Er machte die Tempi-

passati-Geste. »Sie sind die Jugend. Ihnen gehört die Gegenwart.«
»Nein«, sagte Hannes, »die gehört den Dickerchen.«
»Wie bitte?«
Bele sprang dazwischen: »Nun müssen Sie uns aber noch sagen, weshalb dieser Turm Geisterturm heißt.«
Der Hagere sammelte seine Gedanken aufs neue: »Jaja, jawohl. Er heißt Geisterturm ... ich muß dazu etwas weiter ausholen. Sie haben ja die Elektrisierapparate drüben im Haus stehen sehen? Also. Kerner hat sich, ähnlich wie vor ihm Mesmer, viel mit Magnetismus beschäftigt. Magnetische Erscheinungen, Telepathie und alle diese Dinge waren sein privates Forschungsgebiet. Bekannt, ja man muß sagen weltberühmt, wurden seine Experimente und Aufzeichnungen über die sogenannte Seherin von Prevorst, Friederike Hauffe, die lange Zeit hier im Hause wohnte. Übersinnliche Kräfte, seelisches Außersichsein, Hineinragen in die Geisterwelt, verstehen Sie ...«
Hannes verstand nicht, man sah es ihm leicht an. Aber Bele bemühte sich, aus ihren

steilen Hosen geradewegs in die Geisterwelt hineinzuragen, und nickte.
»Ja«, fuhr der Alte fort, »in diesem Turm nun will Kerner mehr als einmal Geistererscheinungen gehabt haben. Und zwar begab sich der Geist in diese Ritterrüstung, die sich dann bewegte und – so heißt es – auch sprach.«
Schweigend betrachtete das Trio die leere Uniform. So standen sie eine ganze Weile; und es war offensichtlich, daß die Führung durch das Kernerhaus beendet war. Aber während Hannes gerade überlegte, ob die alten Römer den Auguren Trinkgelder gegeben hätten, tröpfelte noch ein bißchen Führung nach.
»Übrigens«, sagte der Hagere und setzte sich in Richtung Gartentor in Gang, »übrigens, ehe ich Sie gleich durch dieses Türchen hinauslasse – wir hatten vor nicht langer Zeit eine amerikanische Gesellschaft für die Erforschung von Geister-Erscheinungen zu Gast. Die Herrschaften übernachteten behufs dessen hier im Turm und hatten tatsächlich Glück: Der Geist ging in die Rüstung.«

»Das«, rief Hannes tief bewegt und schloß mit der bekannten beidarmigen Abgeordnetengeste, »das war der Geist der Zeit!«

Ludwig van Beethoven
Ein Porträt

Bonn am Rhein zählt 11000 Einwohner, als Ludwig van Beethoven 1770 geboren wird.
Eine kleine Residenz.
Alle leben von der Hofhaltung des kölnischen Kurfürsten.
Der große Herr residiert in dem langgestreckten gelben Palais.
Morgens und abends geht ein Strom von Bürgern hin und zurück, Lieferanten, Dienstmänner, Verwalter, Geistliche, Beamte, Hofherren, Schauspieler und Musikanten.
Auch Ludwigs Vater ist Mitglied der kurfürstlichen Kapelle.
Er ist Sänger.
Tenor. Ein schlechter Tenor, und aus Kummer trinkt er und wird immer schlechter.
»Papächen, Papächen«, betteln die drei Kinder und zupfen ihn am Ärmel, wenn sie ihn endlich in einer Schenke gefunden haben.

Die Mutter ist kränkelnd und von Arbeit früh zerrieben. Die Beethovens wohnen in einer Mansarde.
Es ist ein elendes Leben.
Hat nicht eben ein gewisser Wolfgang Amadeus Mozart als Wunderkind den großen Umschwung für seine Familie gebracht?
Johann van Beethovens Blick wandert prüfend von seinem Sohn zum Klavier. Und er beschließt, auch aus ihm ein Wunderkind zu machen.
Ludwig ist vier Jahre alt.
Täglich treibt der Vater ihn von nun an zum Klavichord. Wenn es nicht anders geht, mit dem Stock.
Stundenlang krabbeln die kleinen schwachen Finger die Tasten herauf und herunter. Der Vater steht hinter dem Kind und gibt erst das Zeichen zum Aufhören, wenn es Zeit für den Abendschoppen ist.
Das Kind weint sich bei der Mutter aus. Nachts träumt es von den Schrecken des vergangenen Tages.
Wenn Johann van Beethoven die Angst überfällt, kommt es vor, daß er den Jungen nachts weckt, aus dem Bett reißt und üben läßt.

1778 führt er sein Wunderkind an einem »Musikalischen Nachmittag« zum erstenmal öffentlich vor.
Er kündigt ihn als Sechsjährigen an. Zwei Jahre also unterschlägt er. Ludwig klettert auf den Stuhl und haspelt sein Konzertstück zitternd und bebend herunter.
Die anwesenden Damen und Herren der Gesellschaft betrachten das Kind mitleidig und den Vater mit Verachtung.
Der Beifall ist höflich, aber kalt. Was ist das eigentlich für ein Ansinnen von Monsieur Johann van Beethoven? Wofür hält er sie?
Die Zeit ist musikalisch hochkultiviert. Beethoven begegnet es später immer wieder, daß Damen der Gesellschaft seine Sonaten aus dem handgeschriebenen Original fehlerlos vom Blatt spielen!
Der Vater ergreift noch einmal den Stock. Zwei Jahre lang wird weitergeübt.
1780 fährt die Mutter mit dem Kind nach den Niederlanden, um es in Rotterdam als Wunderkind zu zeigen.
Die Reise wird ebenfalls ein Mißerfolg.
Der Vater sinkt in dumpfe Resignation. Es dauert nicht mehr lange, dann ist er so weit

gesunken, daß die Familie auf seine Pensionierung drängen muß.
Das Rentamt händigt auch nicht mehr ihm, sondern seinem Sohn die Rente aus.
Ein Wrack.
Böse Ahnungen befallen den Jungen.
Er erinnert sich, daß es früher schon einmal einen Trinker in der Familie gegeben hat.
Er fühlt sich selbst krank und schwach.
Er denkt an den Tod.
»Ein schlechter Mann, der nicht zu sterben weiß«, sagt er später einmal, »ich hätte es schon mit fünfzehn Jahren gewußt.«
Der Vater sagt jetzt zu allem Ja und Amen. Er sieht ein, daß etwas geschehen muß, und bittet den Hofkapellmeister und Organisten Neefe, seinem Sohn Unterricht zu geben.
Eine neue, himmlische Zeit beginnt für den Knaben!
Neefe ist sanft, liebevoll, schwärmerisch, ein Künstler, ein glühender Verehrer Klopstocks und Bachs.
Also wird es auch Ludwig.
Wieder träumt er des Nachts von Musik, aber jetzt sind es wunderbare Träume.
Neefe muß mit dem Jungen noch einmal

ganz von vorn anfangen. Es ist ein schweres Stück Arbeit. Dann geht es sprunghaft vorwärts.

1782 nimmt Neefe den Zwölfjährigen mit an die Orgel. Ein halbes Jahr später überläßt er ihm die ständige Vertretung als Organist.

1783 stellt der Kurfürst den Knaben als Cembalo-Begleiter in seiner Kapelle an.

Mit einer tadellosen Halsschleife geschmückt, stolziert jetzt Ludwig an des Vaters Stelle jeden Tag zum Palais und zurück. Er ist »doppelter Gehaltsempfänger«!

Eines Abends verkriecht er sich in eine Ecke der Mansarde und schreibt seine erste Komposition.

Ein Marsch von Herrn Musiker Dressler hat es ihm angetan.

Er schreibt darüber »Variationen«.

Neefe lobt.

Dann schreibt er drei Klaviersonaten, Es-Dur, f-Moll, D-Dur.

Neefe lobt.

Darauf schreibt er eine zweistimmige Fuge für Orgel.

Neefe staunt.

Nun schreibt er ein Klavierkonzert, E-Dur. Neefe führt es auf.
Der Kurfürst lobt.
Seine Durchlaucht und Eminenz Maximilian Franz ist ein Sohn Maria Theresias, ein Bruder des Kaisers in Wien.
Auf einen Wink von ihm könnten sich alle Türen öffnen. Neefe verwendet sich beim Kurfürsten liebevoll für den kleinen Beethoven.
Der alte, gute Mann hat große Pläne: Er möchte, daß Ludwig nach Wien geschickt wird und bei Wolfgang Amadeus Mozart Unterricht nimmt.
Mit Engelszungen spricht er auf seine Kaiserliche Hoheit ein.
Im April 1787 läßt ihn der hohe Herr reisen! Ausstaffiert mit einem guten Anzug und Reisegeld fährt der Siebzehnjährige nach Österreich ab.
Er trifft Mozart in Arbeit und Sorgen.
Ein ganz unglücklich gewählter Zeitpunkt.
Die meiste Zeit sitzt der junge Mann aus Bonn im Vorzimmer und wartet.
Gegen Ende des Monats trifft die Nachricht ein, daß seine Mutter schwer erkrankt ist.

Er packt wieder die Reisetasche und kehrt heim.
Zwei Kometen kreuzten den Weg, niemand nahm davon Notiz.
Mozarts Wort »Auf den gebt acht, der wird einmal seinen Weg machen« ist eine schöne Erfindung. Er hat es nie gesagt.
Beethoven trifft mit der Eilpost in Bonn ein.
Seine Mutter ist schon vom Tode gezeichnet.
Im Juni stirbt sie.
Ludwig ist jetzt das Familienoberhaupt.
Der Vater sitzt da, weint oder tobt oder brütet vor sich hin.
Er wird entmündigt.
Die Brüder sind in der Lehre.
Das Haus ist trostlos.
Er flieht es.
Er hat Gott sei Dank Freunde, gute Freunde.
Frau von Breuning läßt ihre Kinder von ihm unterrichten, zieht ihn, so oft es geht, in ihr Haus und öffnet dem verschlossenen, scheuen, jungen Menschen das Herz.
Dann ist Neefe noch da und Ries, der Geiger, der ihn oft um die Schulter faßt und ihn, auf und ab gehend, tröstet.
Und Waldstein ist da, natürlich nur von fer-

ne: Graf Waldstein, der Freund des Kurfürsten, der immer lächelt und »na?« sagt, wenn er den kleinen Cembalisten sieht.
Ist das alles wichtig?
Sehr wichtig.
Diese Erinnerungen sind später sein einziger Trost.
»Lorchen« Breuning ist seine »Leonore, ein Engel, ein Engel!«, und den Grafen Waldstein vergißt er nie und widmet ihm die wunderbare C-Dur-Sonate, die den Namen unsterblich macht.
1792, Ludwig van Beethoven ist zweiundzwanzig Jahre alt, stirbt sein Vater.
Eine Zentnerlast ist von ihm genommen.
Aber seltsam: Der schreckliche alte Mann war doch immer noch der Inbegriff des »Zuhause« gewesen.
Nun erst ist Beethoven allein.
Graf Waldstein, der sich heimlich mehr um ihn kümmert, als er ahnt, spricht noch einmal mit dem Kurfürsten.
Der alte Haydn ist gerade auf der Durchreise von London. Es wäre schön, wenn man Beethoven zu ihm nach Wien schicken könnte.
Haydn sieht sich den jungen Mann an.

Er blättert in der Kantate, die Beethoven auf den Tod des Kaisers geschrieben hat.
Ganz hübsch.
Hat fleißig Bach studiert?
Ja, ja, der große Bach ist das Alpha und Omega! Wird niemand mehr erreichen.
Wollen sehen, denkt Ludwig van Beethoven hinter seiner wulstigen, klobigen Stirn und schweigt.
Waldstein lächelt.
Im November darf Beethoven dem berühmten Haydn nach Wien nachreisen.
Der Kurfürst bezahlt es.
Acht Groschen, Kaffee und Schokolade pro Unterrichtsstunde.
Papa Haydn ist alt und zahm.
Er weiß ungeheuer viel, aber er geht zu gemächlich vor. Von Kontrapunkt und Fuge versteht Ludwig so gut wie nichts.
Er lernt wie ein Besessener.
Nach einigen Monaten ist die Situation folgende: Haydn stellt eine Aufgabe. Beethoven liefert die Arbeit ab.
Haydn korrigiert sie flüchtig nach endlosen Worten. Danach korrigiert Beethoven noch einmal Haydns Fehler heraus.

Heimlich nimmt er noch Unterricht bei dem Komponisten Schenk. Vormittags Haydn, mittags schnell essen, dann drei Stunden Klavierspiel, nachmittags Schenk, abends Kontrapunkt und Kompositionen.
Draußen, im Sonnenschein, promeniert Wien.
Beethoven arbeitet.
Er fängt an, seine Kompositionen zu numerieren.
Op. 1 malt er zum ersten Mal auf ein Manuskript.
Zu früh?
Haydn sieht sich die Arbeit an.
Sehr schön.
Nein, nicht zu früh.
Er sagt so nebenbei, Beethoven möge hinter seinen Namen die Worte »Schüler von Joseph Haydn« setzen.
Wozu?
Der alte Herr windet sich etwas. Beethoven wartet auf die einzige Erklärung, die möglich ist.
Aber Haydn bringt sie nicht über die Lippen.
Also unterbleibt es.

Großmogul, denkt der Alte und sieht den zottigen jungen Mann fast ärgerlich an.
1794 reist Haydn nach London.
So löst sich für beide die Verbindung ohne Peinlichkeit auf.
Sein neuer Lehrer ist der Theoretiker Albrechtsberger.
Aber nicht lange. Es hat keinen Sinn weiter.
Er besitzt auch kein Geld mehr. Die Französische Revolution hat das Kurfürstentum Köln beseitigt, die Unterstützung hat aufgehört.
Er muß verdienen.
Am 29. März 1795 gibt er sein erstes Konzert im Hoftheater.
Er spielt fremde Kompositionen.
Die Lichnowskys sind da (Fürsten), die Rasumowskys (Grafen), die Lobkowitzs (Fürsten), die Brunswicks (Grafen), die Guicciardis (Grafen), die Esterházys (Fürsten), die Kinskys (Fürsten), wahrscheinlich auch Erzherzog Rudolf, der zehn Jahre später sein Klavierschüler wird.
Beethoven hat seinen grünen Frack an, sein bestes Stück.
Aber das sehen sie anscheinend alle nicht.

Frau von Bernhard schreibt nach dem Konzert an ihre Freundin: »Er war klein und unscheinbar, mit einem häßlichen roten Gesicht voll Pockennarben. Sein Haar war ganz dunkel und hing fast zottig ums Gesicht.«
Er sieht es ihren Mienen an und senkt die Augen.
Aber sein Schmerz schlägt bei den ersten Anzeichen von Güte in wilde Freude um.
Mit leuchtendem Blick erzählt er, die Fürstin Lichnowsky hätte am liebsten »eine Glasglocke über mich machen lassen, damit kein Unwürdiger mich berühre«.
Das ist wahr, die alte Fürstin, selbst verstümmelt und leidend, ahnt mit dem Instinkt alter aristokratischer Kultur, wer ihr da begegnet. Sie läßt als erste seine Kompositionen aufführen.
Sie ist Mozartschülerin gewesen und hat die Musik ihres Lehrers sehr geliebt.
Bis sie diesen Beethoven hörte.
Mit den Lichnowskys reist Beethoven nach Prag und Berlin.
Er spielt vor dem König und vor Prinz Louis Ferdinand.
Sehr gefeiert kehrt er nach Wien zurück.

Sie fahren achtspännig ein. Beethoven sitzt neben dem Fürsten.
Viele Eindrücke. Er setzt sich gleich wieder an den Schreibtisch.
Es entstehen das Klavierkonzert Nr. 1, drei Violinsonaten, die Pathétique und seine 1. Sinfonie.
Am 2. April 1800 wird die Sinfonie aufgeführt.
Von nun an ist ein Kommen und Gehen bei Beethoven. Wenn die Kutschen vorfahren, müssen die Diener erst fragen: Ist Herr van Beethoven zu sprechen für Ihro Durchlaucht?
Wohnt er überhaupt noch hier?
Er wohnt bei den Lichnowskys, bei den Brunswicks, bei Grillparzers, bei Schikaneder im Theater an der Wien, wo man über Soffitten und Feuerlöscher steigen muß.
Insgesamt hat er 30 Adressen.
Drei große Verlage bemühen sich um ihn.
Diese lästigen Geschäfte!
»An Herrn Franz Anton Hoffmeister, Leipzig!
Reitet Euch denn der Teufel insgesamt, meine Herren – mir vorzuschlagen, eine solche

Sonate zu machen? Herr Mollo hat wieder neuerdings meine Quartette voller Fehler und Errata in großer und kleiner Manier herausgegeben, sie wimmeln darin, wie die Fische im Wasser!«

»An Herrn Nikolaus Simrock, Bonn!

Wegen einem Kommissionär habe ich mich auch umgesehen... Er verlangt von Ihnen das drittel Rabatt. Der Teufel verstehe sich auf Eure Handelei... Sind Eure Töchter schon groß? Erziehen Sie mir eine zur Braut.«

»An Breitkopf und Härtel, P. P. Leipzig!

Re-re-re-re-zen-zen-si-si-si-s iert-siert! nicht bis in alle Ewigkeit, das könnt ihr nicht. Hiermit Gott befohlen!«

Ist er nicht lustig? Sehr lustig.

Hat er nicht allen Grund? Allen Grund.

Aber seine Musik! Sie wird immer aufwühlender und furioser!

Nach der Pathétique: das Oratorium »Christus am Ölberg«, die klagende Mondscheinsonate, die zerquälte As-Dur mit dem Trauermarsch, die Hamletsche d-Moll und die sechs Gellert-Lieder, die wie verzweifelte Gebete klingen.

Was ist geschehen?
Die Freunde sehen ihn lächeln. Mehr denn je ist er der Mittelpunkt der glanzvollen Abende in den Wiener Stadtpalais.
Um diese Zeit wissen nur zwei Menschen, was vor sich geht: seine Freunde Amende und Wegeler. Beide weit weg von Wien.
Im Sommer 1802 ist Beethoven plötzlich verschwunden.
Im Herbst ist er wieder da.
Er ist auch äußerlich verändert. Er ist scheu und macht einen hilflosen Eindruck.
In sein Leben ist irgendeine große Unruhe gekommen.
Er meidet die Menschen. Er antwortet manchmal nicht. Am Flügel dreht er sich nach dem Spiel um, und wenn er sieht, daß der ganze Salon tief bewegt und erschüttert ist, läßt er den Klavierdeckel fallen, stößt seine kurze, abgehackte Lache hervor und geht.
Es ist merkwürdig, daß man es ihm nicht übelnimmt.
Warum eigentlich nicht?
Fürst Lichnowsky ist imstande, ihm nach solcher Szene 600 Gulden auszuwerfen.

Nach wie vor suchen ihn die Equipagen in der ganzen Stadt.
Es gibt Zeiten, wo er unerwartet wieder elegant unter Menschen erscheint. Aber es sind nur kurze Perioden. Auf die strahlende 2. Sinfonie von 1802 folgt sofort die todernste Eroica.
Auf die Eroica die rasende Appassionata.
»Das sind die Kämpfe und das Schluchzen eines ganzen Lebens«, sagt Bismarck, als er sie hört. Bismarck weiß zu seiner Zeit schon alles, was Beethovens Umgebung 1806 noch nicht ahnt.
Auf die Appassionata folgt die Schicksals-Sinfonie, die Fünfte.
Plötzlich unterbricht er sie und schreibt in einem Zuge die helle, glückliche 4. Sinfonie herunter.
»Manchmal möchte ich bald toll werden über meinen unverdienten Ruhm«, ruft er einmal aus, »das Glück sucht mich, und ich fürchte mich fast deswegen vor einem neuen Unglück.«
Vor einem neuen?
Langsam, in den Jahren um 1810 herum – er ist vierzig Jahre alt – öffnen Briefe, Verlaut-

barungen hier und da, Bemerkungen der Ärzte und Geflüster der Menschen die Augen über das, was sich in Beethovens Leben abspielt: Er verliert sein Gehör. Er versteht die Sprechenden schon fast nicht mehr.
Zu Hause liegen greuliche blecherne Hörgeräte.
Homer war blind? Das ist ein barmherziges Schicksal gegen:
Beethoven wird taub!
Zwei haben es seit Jahren gewußt. Beethoven hat Amende und Wegeler damals erschütternde Briefe geschrieben, aber sie flehentlich gebeten, nichts zu verraten.
Die Ärzte wissen noch mehr: Seine Augen lassen nach.
Er hat Gott und sein Schicksal tausendmal in seiner Einsamkeit verflucht.
Denn er allein weiß noch mehr als die Ärzte: Er ist todkrank.
Deshalb hat er die Menschen zu meiden begonnen.
Aber von Zeit zu Zeit packt ihn eine wahnsinnige Sehnsucht nach ihnen.
Wenn ein Mund ihm zulächelt, schlägt sein

Herz zum Zerspringen. Sein Herz, so rein und so weit fort von aller Begierde, hat gezittert, so oft, so oft!

Der Narr! Der Bajazzo!

Nur fünf oder sechs Menschen wissen davon.

Giulietta Guicciardi – ein Spiel, ein Witz für die Komtesse.

Therese Malfatti – wie die kleine Italienerin erschrak!

Magdalena Willmann – Staunen, Erschrekken, Abschied.

Anna Milder – Staunen, Erschrecken, Abschied.

Amalie Sebald – Staunen, Erschrecken, Abschied.

Nach seinem Tode findet man in der Schublade den nie abgesandten Brief »An die unsterbliche Geliebte«.

»Mein Engel, mein Alles, mein Ich! Ach Gott, welches Leben …«

Aber wer sie ist, wird er nie sagen.

Es ist – wir glauben es heute zu wissen – das schöne junge Mädchen Therese von Brunswick, Gräfin Brunswick.

Als alte Frau, immer noch unverheiratet –

Beethoven ist lange tot –, gesteht sie ihre unglückliche Liebe.
So sieht sein Leben aus!
Zurück, zurück in die Einsamkeit!
»Für dich, armer Beethoven, gibt es kein Glück von außen, du mußt es dir alles in dir selbst erschaffen… Alles anwenden, was noch zu tun ist, um das Nötige zu der weiten Reise zu entwerfen … alles sein lassen, nur für deine Weise schreiben! Und dann eine Hütte, wo du das unglückliche Leben beschließest… Laß mich leben, sei es auch nur mit Hülfsmitteln. O Gott, gib mir Kraft, mich zu besiegen, mich darf ja nichts ans Leben fesseln.«
Von seiner Hand geschrieben in einem Notizbuch.
Nach seinem Tode finden sie es und starren erschüttert auf die armseligen Worte.
Würde Beethoven sehen, wie sie so dastehen, so würde er wieder den Klavierdeckel fallen lassen und sagen, was er zu Goethe sagte, als der Dichter ihn in tiefer Bewegung in Teplitz spielen hörte:
»Rührung! Das habe ich von Ihnen nicht erwartet! Von Euch, Goethe, lasse ich mir dies

nicht gefallen! Wenn mir Eure Dichtungen durchs Gehirn gingen, so hat es Musik abgesetzt, und ich war stolz genug, mich auf die gleiche Höhe schwingen zu wollen wie Ihr, aber ich habe es meiner Lebtag nicht gewußt zu weinen, und am wenigsten hätte ich's in Eurer Gegenwart getan!«

Es steht schlimmer um Beethoven, als alle ahnen.

Von nun an hört er nicht mehr, was seine Hände in den vielen, vielen Jahren niederschreiben.

Mitunter sitzt er in einer seiner trostlosen Buden – nie hat er Geld, denn was er besitzt, verschenkt er allen, die sich an ihn herandrängen; und die alten Gönner sind tot –, von Wirtschafterinnen bestohlen, belogen und verlassen, am Klavier und spielt. Er hat ein Brettchen zwischen den Zähnen, dessen anderes Ende auf dem Klavier liegt. Er spielt und spielt, und seinen Augen sieht man an, wie er ängstlich darauf wartet, ob er nicht über das Stückchen Holz die Vibration spüren könnte. An solchen Tagen rennt er dann hinaus und läuft gestikulierend bis in die Nacht hinein durch die Gegend.

Polizisten verhaften ihn, und Bürgermeister von weit entfernten Orten müssen ihn befreien und in ihrer Kutsche wieder nach Hause bringen.
Am nächsten Morgen steht der hypochondrische Grillparzer in seinem Zimmer und klagt ihm, auf ein Täfelchen schreibend, sein Leid.
Beethoven lächelt. Mut, Mut!
»Hätte ich den tausendsten Teil Ihrer Kraft!« seufzt der Dichter.
»Wie?« fragt Beethoven und deutet auf die Tafel.
Grillparzer schreibt:
»War keine Zeit, wo die Ereignisse des Lebens Sie auf längere Zeit im Arbeiten gestört haben?«
Gestört! Mein Gott!
Aber Beethoven schüttelt lächelnd seinen dicken Kopf.
Grillparzer geht getröstet.
Beethoven dreht sich um, nimmt ein Notenblatt und beginnt zu schreiben. Die »Missa solemnis« entsteht.
Kein Laut der Außenwelt dringt zu ihm. Nie wird er hören, was er jetzt niederschreibt.

Ein Jahr später vollendet er sein größtes Werk, die Neunte Sinfonie.
Am 7. Mai 1824 wird sie uraufgeführt.
Beethoven ist jetzt 53 Jahre alt.
Er bittet: Er möchte noch einmal, ein einziges Mal dirigieren.
Er wird nicht mehr, wie früher bei seiner Oper »Fidelio«, voll Scham weglaufen, wenn er merkt, sie spielen in Wahrheit ohne ihn.
Er wird nicht weglaufen! Bestimmt nicht!
Nur Takt schlagen. Nur dastehen.
Ein einziges Mal noch.
Der Abend beginnt schon beispiellos. Polizei muß absperren.
Die Mitglieder der kaiserlichen Familie haben der Etikette entsprechend mit drei Beifallssalven begrüßt zu werden.
Beethoven erhält bei seinem Eintritt fünf.
Die Aufführung wird ein Triumph.
Als der letzte Ton verklungen ist, springt die Menschenmenge auf, winkt, schreit und schwenkt die Hüte.
Beethoven, den Rücken zum Saal, steht immer noch da und schlägt den Takt.
Ein gespenstisches Bild.
Die Sängerin, die kleine Karoline Unger,

nimmt ihn bei der Hand und dreht ihn um. Nein, er läuft nicht mehr weg. Er sieht auf die erregte Menge und dankt.
Da unten stehen sie alle, mit denen er früher gesprochen und gelebt hat.
Eine vergangene Welt.
Die Guten! Warum weinen sie? Sie sollen nicht verzagen! Hat er sie denn nicht getröstet?
Freude, schöner Götterfunken – haben sie es denn nicht gehört?
Das Leid ist etwas Gigantisches, eine Kraft! Sie sollen nicht weinen, zum Teufel!
Finster steigt er vom Podium.
Im Foyer bricht er zusammen und wird ohnmächtig.
»Die Freude!« flüstert Henriette Sonntag.
»Die Anstrengung!« lächelt die kleine Unger.
Nein, nicht die Anstrengung: Es sind 40 Taler Einnahmen in der Kasse, das hat er eben erfahren. 40 Taler für die Neunte Sinfonie.

–

In jedem Werk seiner letzten Jahre bringt er sein Leid »in Ordnung«.
Er selbst aber, der arme furiose Narr, gelangt nie zum Frieden.

1802 – auch das erfährt die Nachwelt erst nach seinem Tode – war er nahe am Selbstmord. Damals, als er aus Wien verschwand und in die Einsamkeit nach Heiligenstadt flüchtete, schrieb er sein Testament.

Es beginnt mit den verzweifelten Worten: »O ihr Menschen, die ihr mich für feindselig, störrisch oder misanthropisch haltet oder erkläret, wie unrecht tut ihr mir! Ihr wißt nicht die geheime Ursache von dem, was euch so scheinet... Vergeßt mich nicht ganz im Tode. Ich habe es um euch verdient, indem ich in meinem Leben oft an euch gedacht, euch glücklich zu machen.«

Resignation? Welch elendes Zufluchtsmittel!

Es kam die große Wandlung, seine unsterblichen Werke entstanden.

»Ich will dem Schicksal in den Rachen greifen!« rief er aus.

Nun steht er an der Schwelle des Alters.

Einsamer als je zuvor.

Trotziger als je zuvor.

Alles das, was ein Mensch nach ihm an Leid und Verzweiflung erfahren könnte, will er in seiner Musik noch »in Ordnung« bringen. Es beginnt ein Wettlauf mit dem Tode.

Als er im Mai 1825 schwer krank wird, schickt er dem Arzt Professor von Braunhofer, von seiner unsicheren Hand hingekritzelt, ein paar Noten statt eines Briefes.
Es ist ein spaßiger Kanon.
Aber die Worte des Kanons sind grausig:

»Doktor / sperrt / das / Tor / dem / Tod:
Note / hilft / auch / aus / der / Not.«
»Doktor / sperrt / das / Tor / dem / Tod:
Note / hilft / auch / aus / der / Not.«

Man hört, wie es an seine Tür klopft.
So klopfen und pochen die Worte.
In einer Ecke des Blattes steht der zittrige Zusatz:
»Ich speie ziemlich viel Blut aus.«
Professor Braunhofer gibt ihn noch einmal dem Leben zurück.
Dem Leid.
Im Spätsommer 1826 begeht sein Sorgenkind, sein verkommener Neffe, an dem er Vaterstelle vertritt, einen Selbstmordversuch.
Fast ist es kein Selbstmord, fast ist es Mord.
An Beethoven.
Er steht bebend und zitternd vor diesem neuen Schicksalsschlag.

Um sich – und jeden, der es nach ihm erleben wird – darüber hinwegzuhelfen, um auch aus diesem Leid aufzuerstehen, nimmt er noch einmal Notenblatt und Feder zur Hand.
In seiner letzten Komposition, dem Finale op. 130, bringt er auch dies »in Ordnung«.
Im Dezember 1826 wirft ihn eine Lungenentzündung endgültig nieder.
Vier Monate dauert das Ringen.
Dreimal versuchen die Ärzte, mit einer Punktion wenigstens die rapide fortschreitende Wassersucht aufzuhalten.
Aber es ist ja nicht das allein.
Blut, Zirkulation, Galle, Leberzirrhose.
Zwei Tage vor seinem Tode schwindet Beethoven das Bewußtsein.
Der Todeskampf setzt ein.
Das Herz arbeitet, die starken Lungen kämpfen gewaltig, um den Tod noch einmal abzuwenden. Es ist der 26. März 1827, 6 Uhr abends.
Draußen rast ein Schneesturm und läßt das Haus erzittern, der Himmel ist in Aufruhr, und grelle Blitze zerreissen die Finsternis.

Beethoven öffnet noch einmal die Augen.
Er hebt die geballte Faust zum Fenster –
Dann sinkt er zurück und ist tot.

Es wird in Zukunft nicht mehr eine biologische Frage sein, wer das Feuer hütet, sondern die Frage, wer gerade arbeitslos ist.

Nachdenken über Courbet

Seit 1945 ist die Inventarnummer 2522 der Dresdner Gemäldegalerie gestrichen. Die Nummer bezeichnete das Bild »Die Steinklopfer« von Gustave Courbet, gemalt 1849, Maß 1,59 m mal 2,59 m.
Auf den ersten Blick: ein schönes Bild, ein sehr gutes Bild, kraftvolle Handschrift, pastos in der Oberfläche, tiefe, harmonische Farben, sehr geschlossen, eindringlich, malerisch. Auf den zweiten Blick: dasselbe. Es hält stand. Auf den dritten Blick: dasselbe. Es wächst nicht. Leider. Um zu verstehen, warum dieses Bild zu den »besonders schmerzlichen Verlusten« gezählt zu werden pflegt, muß man etwas abschweifen. Und man muß den Mut haben, einmal die Wahrheit zu sagen. Das möchte ich.
Courbet ist ein großer Name. Ihm haftet etwas von Aufbegehren, Speerschütteln, »Arbeiterstolz vor Fürsten-Thronen«, von

Trotz, Revolte und Marseillaise an. Das alles trifft zu, aber nicht für seine Bilder, sondern für sein Leben. Die unbewußte oder absichtsvolle Gleichsetzung von Leben und Werk ist falsch, doch gerade diese Verwechslung ist entscheidend geworden für jene ganz bestimmte Sicht, die die heutige Zeit von Courbets Werk hat.

Gustave Courbet wurde 1819 in Ornans bei Besançon geboren: Sein Vater wird gewöhnlich als »einfacher Bauer« apostrophiert. Tatsächlich war er ein begüterter Weinbauer. Der junge Courbet, zuerst ein hübsches Kind, später ein sogenannter schöner Mann, war außerordentlich verwöhnt und machte, was er wollte. Er war, wie viele Männer, bei denen Verwöhnung, »Schönheit« und flüchtige Bildung zusammentreffen, oft hochfahrend und verletzend. Sein Gemälde »Bon jour, Monsieur Courbet« ist ein bewußtes Zeugnis dafür und wird auch allgemein so gedeutet: »Herr Courbet«, zu dieser Zeit schon Kommunist, wirft bei der dargestellten Begegnung den Kopf in den Nacken, während sein nobler Mäzen Bruyas, den Hut tief gezogen, ehrerbietig stillsteht und der

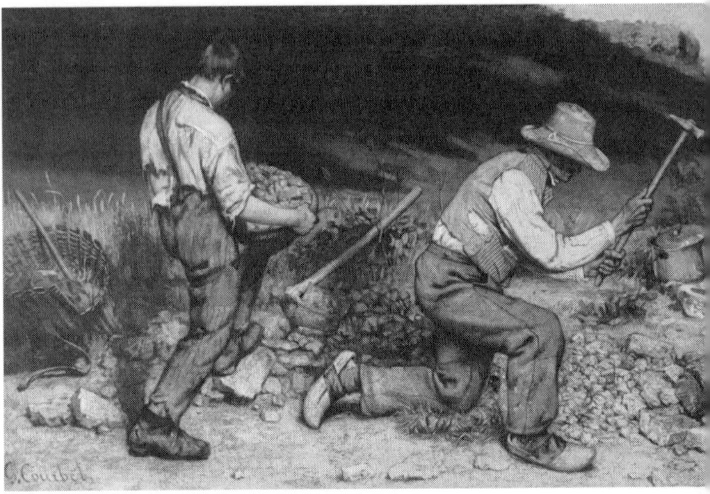

Gustave Courbet, Die Steinklopfer, 1849
Öl auf Leinwand, 159 × 259 cm
Ehemals Dresden, Gemäldegalerie (Kriegsverlust)

Diener hinter ihm den Kopf senkt. Ein Anblick, wie ihn die Welt ruhig mal bieten sollte, nur: Als eigenes Denkmal ist er peinlich. So triumphieren kleine Leute.
Bei den Unruhen von 1830 hatte Delacroix »Die Freiheit führt das Volk an« gemalt: Bei der 48er Revolution, als sogar in Deutschland Rethel ein Blatt »Der Tod auf den Barrikaden« schnitt, malte Courbet »Nachmittag in Ornans«, »Der Mann mit dem Gürtel«, »Heimkehr vom Markt« und »Die Steinklopfer«. Als 1871 in Paris eine kommunistische Revolutionsregierung die Macht ergriff, wurde Courbet Präsident der Kunstkommission. In dieser Eigenschaft besorgte er die Zerstörung der Vendôme-Säule – kurioserweise schon seit langem ein Anliegen der Revolutionäre. Nach dem Sturz der Kommune verbüßte Courbet eine Gefängnisstrafe von einem halben Jahr, »wo er wundervolle Stilleben malte«. 1873 versuchte man, ihn für die Kosten der Wiedererrichtung der Vendôme-Säule heranzuziehen, er entzog sich einem Prozeß und floh in die Schweiz.
In La Tour-de-Peilz am Genfer See wohnte er im Café du Centre. Zusammen mit zwei

anderen Männern organisierte er eine »industrielle Ausnutzung seiner Malkunst«. Es entstanden Hunderte von Gemälden, von Fremden in Courbets Manier gemalt und mit seinem Namen signiert. Die Verantwortung der Gesellschaft gegenüber machte ihm keine Schwierigkeiten. 1877 starb er.
Es ist nun sicher leichter zu verstehen, was eine Zeit, die Courbets Leben als dringend notwendig und ihr selbst adäquat empfindet, in ein Bild wie »die Steinklopfer« hineinsieht. Wenn Lessings berühmter Ausspruch »Sobald ein Kunstrichter verrät, daß er aus der näheren Kenntnis des Lebens des Autors sich des geringsten nachteiligen Zuges wider ihn bedient, hört er auf, ehrlicher Richter zu sein« – wenn dieser Ausspruch Gültigkeit haben soll (und er sollte), dann natürlich auch im umgekehrten Falle.
Revolutionär, sozialistisch, gesellschaftskritisch – nichts von diesen Dingen, die heute an der Kulturbörse als härteste Valuta notiert werden, steckt in seinen Werken. Nicht einmal auf rein malerisch-ästhetischem Gebiet. Man muß schon Franzose sein und nicht über die Grenzen gucken, um dieser

Illusion zu erliegen. Als Courbet die Steinklopfer malte, lag Menzels avantgardistisches »Balkonzimmer« schon drei Jahre zurück, war William Turner bereits die grandiose Auflösung der Landschaftskonturen in Lichterscheinungen gelungen, hatte Constable sein wegweisendes Lebenswerk abgeschlossen und war sogar Daumier schon eine Meile weiter.

Aber auch wenn es anders wäre: Geschichtlicher Avantgardismus ist stets nur eine Nebenbemerkung. Es gibt keine andere Bedeutung eines Gemäldes als die Qualität. Es gibt keine Rechts- und keine Links-Maler, es gibt nur gute und schlechte.

Courbets »Steinklopfer« ist ein gutes Bild, ein sehr gutes, ein ausgezeichnetes.

Der Verlust ist schmerzlich – deshalb. Nur deshalb. Und nicht, weil Courbets Biographie augenblicklich als so chic gilt.

Die Kunstgeschichte ist keine reine Wissenschaft und lebt von den Zutaten des Herzens.

Lobgesang auf die Ärzte

Eine Laudatio der Ärzte zu schreiben, ist für jeden ein Kinderspiel. Wer schon einmal unter ihrem Messer gelegen hat und wieder erwacht ist, oder wer im Gegenteil noch nie einen Doktor gebraucht hat, oder wer mit ihrem Attest bereits im zarten Alter von 48 Jahren in den Ruhestand und Genuß der Pension getreten ist – ihnen allen müßte das Herz voll sein und der Mund überfließen. Aber im Zusammenhang ausgerechnet mit Beiträgen über Kunst ein Loblied auf die Ärzte anzustimmen, das ist natürlich schon viel schwieriger.

Nun könnte man fragen: Muß das denn sein? Ja, es muß sein, und ich will Ihnen auch sagen, warum:

Als ich dreizehn oder vierzehn Jahre alt war, machte ich mich eines Sonntags mit einem uralten »Führer durch Berlin« aus dem Jahre 1891 auf, um mir eine Kunstausstellung am Kemper Platz anzusehen. Ich klingelte an der Tür der Villa, die die richtige sein mußte, obwohl merkwürdigerweise »Dr. med.« auf dem Türschild stand. Es öffnete ein Herr, der gerade im Begriff gewesen war, auszugehen. Er hörte sich meinen Vers an, betrachtete meinen »Führer durch Berlin« und bedeutete mir betrübt, daß ich mich im Jahrhundert geirrt hätte und dies Haus seit zwanzig Jahren sein Privathaus sei. Plötzlich aber legte er Hut und Mantel ab, nahm mich beim Arm und führte mich hinein. Da hingen an den Wänden Corinth und Slevogt, Liebermann und Trübner, Feuerbach, Böcklin, Thoma, Lenbach, Spitzweg. Hier überkam mich zum ersten Mal die Empfindung der wohligen Existenzsicherheit; mir schien, »Dr. med.« sei schnurstracks die Adresse von »Abrahams Schoß«.

Mit allen Erinnerungen an die Zeit, als ich jung war und unter dem Fenster von Max Liebermanns Atelier am Brandenburger Tor stand und andachtsvoll hinaufstarrte, die Zeit, als sich die Menschen stauten, wenn Paul Wegener, Bassermann, Steinrück, Moissi, Jannings, Forster, die Bergner, die Dorsch,

die Straub vor dem Staatstheater vorfuhren – die Zeit, wo man einander aufgeregt in die Seite stieß und flüsterte: dort geht Albert Einstein –, die Zeit, wo in den Vitrinen dezenter Galerien am Tiergarten expressionistische Bilder standen und ihre Schöpfer Kirchner, Nolde, Müller, Macke mit geheimnisvollem Ruhm umgaben, die Zeit, wo der Rundfahrt-Chauffeur den Omnisbus anhielt, wenn er Gerhart Hauptmann unter den Passanten entdeckte – mit all diesen Erinnerungen verbindet sich für mich dunkel die Vorstellung, daß es eine ganz bestimmte Gruppe von Menschen war, die diesem glanzvollen, künstlerischen Leben die geldliche Basis gab. Diese Menschen sah ich in Gedanken am Olivaer Platz und in der Meinecke-Straße wohnen, und es waren lauter Ärzte oder Rechtsanwälte.
Waren sie es?
Sie waren es.
Denken Sie sich die Ärzte aus der Welt weg, meine Freunde, und es ergeben sich sogleich zwei entsetzliche Übel: Die Erde wäre noch übervölkerter und die Kunst *noch* ärmer.

Man redet immer so viel von Maecenas, dem Urbild der Mäzene. Was hat er denn getan? Er hat Vergil, Horaz und Properz unterhalten. Was heißt das? Dichten kann man überall, das wird Ihnen jeder Dichter bestätigen. Man gibt dem einen ein Dachstübchen, und den anderen macht man zum Nachtportier. Das ist kein großes Kunststück.
Nein, die ersten Mäzene von wirklich gigantischem Ausmaß waren die Männer jener Florentiner Familie des 14. und 15. Jahrhunderts, deren Namen sogar »die Ärzte« lautete, auf italienisch »medici«. Ihr Wappen waren sechs runde Bollerchen; Meyers Lexikon sagt, die Kügelchen stellten medizinische Pillen dar. Das ist richtig; das Wappen ist ganz offensichtlich einer Melabon-Packung nachgebildet.
Was wäre Florenz ohne die Medici! Ein Eisenbahnknotenpunkt. Was wäre aus den vielen Hungerleidern vom Montmartre geworden, wenn nicht immer wieder eines Tages ein Herr im Bratenrock in das Atelier oder in den kleinen Schreibwarenladen von Père Tanguy eingetreten und dieses Bild oder jenes Blatt mitgenommen hätte! Fast

immer war es ein Advokat oder ein Arzt. Und was wäre vor der Währungsreform aus mir geworden, wenn mich nicht immer wieder ein Arzt zum Diabetiker gestempelt und mir viele, viele Tütchen Süßstoff verschrieben hätte. Der Süßstoff wurde gegen Zigaretten, und die Zigaretten wurden gegen Bohnenkaffee getauscht. Aus dem Bohnenkaffee aber erblühten meine unsterblichen Werke. So auch dieser Lobgesang.

Es ist keine Großtat, sich als Insulaner für Kaurimuscheln zu interessieren, für den sie bares Geld sind. Aber als Stuttgarter Arzt Kaurimuscheln zu sammeln, das ist schön. Es gibt keinen Grund, in Verzückung auszubrechen, wenn Rockefeller einen Rembrandt stiftet. Aber es ist einen Lobgesang wert, wenn ein Arzt, der um 16 Uhr 30 noch eine Gürtelrose geheilt hat, um 17 Uhr ein modernes Antiquariat betritt und sich eine Federzeichnung von Werner Tübke leistet im Bewußtsein seiner Zeitgenossenschaft.

Die Kunst, an den Wänden entlangzugehen

Wenn man sich zur Hauptreisezeit einmal vor den Eingang der Uffizien in Florenz postiert, hat man den Eindruck, man stehe an einem Wallfahrtsort. Siebentausend Menschen zählt die Drehtür des Museums an einem Tag, denn »die Uffizien muß man gesehen haben«. Sie sind »Pensum«.

»Müßte« man nicht, so würde man nicht. Denn in Wahrheit hält eine rätselhafte Scheu die Menschen von den Museen fern. Es ist ganz und gar nicht immer Gleichgültigkeit, ganz selten sogar wirklicher Stumpfsinn. Es ist fast immer die Angst vor der eigenen Unwissenheit und die Scheu vor dem kommentarlosen, lautlosen, hilflosen Entlangschleichen an den dicht behangenen Wänden, die Scheu vor der bedrückenden »Sie betreten jetzt ...«-Atmosphäre.

Nun ist zu verstehen, daß jemand vor dem

Finanzamt oder dem Amtgsgericht Unbehagen und Beklemmung fühlt, aber doch nicht vor einem Museum!
Man muß zunächst einmal vor dem Gebäude das Empfinden des Fremdartigen verlieren. Ich habe Museen schon geschätzt, als ich noch sehr jung war. Ich traf dort meine ersten Herzensdamen, im Sommer, wenn es draußen zu heiß, und im Winter, wenn es draußen zu kalt war. Museen sind wegen der empfindlichen Bilder immer genau temperiert; zumindest in Wohlstandsstaaten. Über diesen, doch eigentlich recht liebenswürdigen Umweg, kam ich schon als Sekundaner zu einem vertrauten, ja geradezu wunderbar wohligen Verhältnis zu den Museen. Später, als ich ein junges Mädchen von Rogier van der Weyden einer Obersekundanerin als Objekt meiner Anbetung weit vorzog, war es mir ein leichtes, dasselbe legere und gänzlich unbefangene Verhältnis auch zu den Bildern selbst zu bekommen. Ausgenommen davon waren nur wenige, allzu erhabene Werke.
Der Kunsthistoriker Gustav Glück pflegte zu sagen: »Wenn man überhaupt ein innerli-

ches, wirklich vertrautes Verhältnis zur Kunst gewinnen will, so ist es die Hauptsache, daß man dem einzelnen Werk so unbefangen wie möglich gegenübertritt. Man sollte Schopenhauers guten Rat befolgen: Zu einem Kunstwerk muß man sich verhalten wie zu einem großen Herrn, nämlich sich davor hinstellen und warten, daß es einem etwas sage.«

Heute kommt es vor, daß ich durch das Museum schlendere, vor dem großen Stilleben von Abraham van Beijeren stehenbleibe, und daß das geschieht, was Schopenhauer prophezeit: Plötzlich spricht Beijeren. Ich höre ihn leise lachen und ein langgezogenes »Naaaaa?« sagen.

Darauf lächle ich auch und erwidere: »Herr von Beijeren, Sie lebten, wie ich aus dem Schildchen unter Ihrem prachtvollen Bilde ersehen könnte, wenn ich es nicht schon wüßte, in Holland zu einer Zeit, als bei uns der Dreißigjährige Krieg wütete. Bei uns in Deutschland gab es damals ebensowenig Gemälde wie zu essen, während sich bei Ihnen der Tisch biegt. Sie müssen ganz hübsch gelebt haben, während bei uns Wallenstein, Tilly und Gustav Adolf herumtobten.«

»Jaaa«, antwortet Beijeren, und es klingt behaglich, »wir haben wenig vom Krieg gemerkt. Einige Maler ließen sich zwar ein bißchen martialisch anregen und malten Wachstubenbilder und Schützengilden, wie auch der alte Frans Hals, den ich ganz gut kannte. Er war dann ziemlich verkommen. Schade. Es ging eben leider nicht allen gut.«
»Und Ihnen?«
»Mir ging es ausgezeichnet. Meine Bilder waren damals schon sündteuer. Essen Sie gern?«
»Gern gut.«
»Haha«, lacht Beijeren. »Sie glauben nicht, was wir Holländer damals gefressen haben! Schauen Sie sich diesen Tisch an! So sah es wirklich aus! Das habe ich nicht aus irgendeinem ästhetischen, geheimnisvollen Grunde, von dem eure Kunsthistoriker immer quatschen, gemalt, sondern weil ich mir und meinen Freunden diesen herrlichen Augenschmaus gönnte.«
»Nun ja«, erwidere ich vorsichtig. »Man hat heute so viele andere Themen und Eindrücke, die stärker interessieren, weil …«

»Reden Sie doch keinen Unsinn«, poltert Beijeren. »Was glauben Sie denn! Daß wir hinter dem Mond gelebt haben? Als ich dies Bild hier malte, wurde gerade Karl I. von England hingerichtet, Rembrandt malte den »Mann mit dem Goldhelm«, in Wien wurde das erste Komödienhaus gegründet, Pascal erfand die erste Rechenmaschine, die Franzosen führten das Hutabnehmen als Gruß ein, in London wurde das erste Kaffeehaus eröffnet, und in Paris gab es die ersten Briefkästen. Stärker interessieren, so ein Unsinn! Ihr denkt immer, nur eure Zeit erlebt etwas! Wir haben schon gewußt, was in einem Bild, wie meinem hier, an Schönheit steckt. Ihr müßt wieder sehen lernen, sich naiv laben lernen ...«

»Naiv – was?«

»Laben! Laben! Kennen Sie denn das Wort laben nicht mehr?«

»Beinahe nicht mehr. Wir sagen statt dessen ...«

»Unsinn. Man kann statt dessen nichts anderes sagen. Ihr wißt ja nicht mehr, was das ist: sich laben.« –

Er hatte unrecht; ich weiß noch, was sich laben ist. Mitunter gehe ich durch die Säle, nur in dem Vergnügen, mich an den satten Stilleben zu laben. Da geniere ich mich keine Minute, an Rembrandts und Dürers vorbeizugehen, nur den Köstlichkeiten der Tafel nachzuspüren und mir ganze Menues zusammenzustellen. Da finde ich als Vorspeise in Saal 18 die herrlich gemalten Austern bei Jan van der Velde, ein wahres Juwel an Malerei. Als Hauptgang könnte das knusprige Brathuhn von Beijeren folgen. Keine Kartoffeln? Nirgends. Hat es noch nicht gegeben. Aber Brötchen in Hülle und Fülle. Keiner hat sie so rösch gemalt wie Barent van der Meer in Saal 12. Und als Nachtisch Obst, Trauben von Jan van Huysum, auf denen noch die Tauperlen glitzern und die Sonne widerspiegeln. Oder Käse? Mindestens bei zehn Niederländern liegt er lockend auf Schalen und Tellern. Oder die satten, samtenen Pfirsiche von Carl Hofer oder vielleicht von Cezanne? Dazu die süßen Waffelröllchen von Baugin, die einem von dem Zinnteller beinahe entgegenfallen. Oder die Brombeer-Pasteten! Sicherlich wurden sie warm gegessen. Ob es die in Holland noch gibt?

Mitunter begnüge ich mich, nur Porträts anzusehen. Oder nur Blumen. Wo, außer in Museen, blühen noch Akeley im Dezember und Schneeball-Zweige im Januar? Wo blühen noch gleichzeitig in einer Vase Maiglöckchen, Dahlien und Astern? Und – sieh mal einer an – hier auf dem Bild der Delfter Malerin Maria van Oosterwijk tauchen zum ersten Mal Sonnenblumen auf. Keiner der alten Blumenmaler hat sie. Warum nicht? Merkwürdig. Wenn ich nach Hause komme, werde ich im Lexikon nachsehen, vielleicht weiß der »Meyer« Bescheid.
Meyer wußte es: »Sonnenblume, helianthus, stammt aus Nordamerika und Mexiko, von wo sie Anfang des 17. Jahrhunderts ...« Schau, schau, für Maria Oosterwijk war die Sonnenblume also noch eine Sensation. Und wie müssen die Holländer sich über das Gemälde den Kopf zerbrochen haben!
Als ich das nächste Mal das Bild besuchen wollte (um ein bißchen über die Vergänglichkeit von Sensationen und die Unvergänglichkeit der Kunst zu lächeln), stieß ich auf eine Gruppe von Besuchern, die in die Mysterien der Malerei von einem Herrn ein-

geführt wurden, dessen ästhetische Destillierkunst schon an seinen Gesten zu erkennen war. Ich hörte gerade, wie er sagte: »... und nun dieses Bild von M. van Oosterwijk – wie diffizil die Valeurs, wie deutlich die Abhängigkeit von Jan de Heem – Sie müssen sich dabei die Sonnenblume wegdenken – und wie transzendent die hellen...«
Ich tat das, was sicherlich einige Herren und Damen der Gruppe auch gern getan hätten: Ich ging und genehmigte mir einen Espresso.

Es ist ein Verhängnis für die Reinheit der Kunst, daß die Künstler nicht mehr verachtet sind. Die Scharlatane würden wegfallen.

Klassik – Liebling der Diktatoren

Als das Biedermeier durch die Drehtür der Weltgeschichte eintrat, drehte sich Napoleon gerade eigenhändig hinaus. Mit ihm sein Lebensstil, das Empire, der Gipfel der klassizistischen Epoche. Kein Zufall. Das Empire war Napoleons Protegé gewesen; es leitete sogar den Namen von ihm, dem Empereur, ab.

Hinter dem Namen »Empire« (französisch nasal gesprochen) verbirgt sich nichts kompliziert Geheimnisvolles, wie etwa hinter jenen englischen Stilen, die sich nach Queen Elizabeth oder Anne oder Mary numerieren oder nach nie gehörten Tischlern benennen. Nein, das Empire ist weiter nichts als die Wiedergeburt der klassischen Antike, und zwar der römischen. Von der griechischen wußte man ausgangs des 18. Jahrhunderts noch nicht sehr viel, von der römischen aber schwärmte man, seit Winckelmann sie wie-

derentdeckt und enthusiastisch beschrieben hatte.
Das war im richtigen Moment passiert. Als Napoleon 25 Jahre danach zur Macht kam, fand er schon genau das vor, was wie ein inzwischen geflügeltes gastronomisches Wort sagt – »Männern so gut schmeckt«. Gajus Julius Cäsar und Kaiser Augustus sind es, von denen die Diktatoren aller Zeiten träumen. Zwischen keinen Möbeln herrscht, blitzt, donnert und verordnet es sich so gut wie zwischen den römisch-klassischen; nirgends sitzt man infolge der Unbequemlichkeit so imposant aufrecht, wie in einem Empire-Sessel, und rechte Hand im Westenausschnitt ist vor einem Cäsaren-Schreibtisch die gegebene Haltung, während sie zwischen Biedermeier-Möbeln lediglich ein Zeichen ist, daß einem die Finger frieren. In einem Empire-Salon »ergreift« man das Wort, im Biedermeierzimmer unterhält man sich. Und so, wie sich Madame Recamier 1805 am hellichten Tage kleidete, lag man 1830 höchstens im Bett, nämlich im Tunika-Gewand.
Winckelmann, der geistige Urheber der

ganzen Sache, war ein Deutscher (auch noch Sachse!), womit wieder einmal die These erhärtet ist, daß wir an allem schuld sind. Als er 1768 starb, befand sich die Antiken-Begeisterung noch im Stadium der intellektuellen Neugierde, und die aufkommende Liebe zur Klassik wäre wohl ein »Ismus«, ein geistiges »Verhältnis« geblieben, das nur die Bildthemen verändert, die Säulen an den Hausfronten und in den Salons vermehrt und die O-Beine der Rokoko-Sessel geradegezogen hätte, wie es unter Ludwig XVI. ja auch wirklich noch geschah. Aber dann kam die Französische Revolution, ein Umbruch, der das Unterste zuoberst kehrte und ganz andere Menschen heraufbrachte, Demagogen, die sich als Brutus fühlten, als Cassius, als Gracchus. Die römische Welle kam ihnen also sehr gelegen. Sie fingen mit der Mode an – viel weiter kamen sie nicht, denn zwischen Blut, Ruinen, Krieg und Panik läßt sich schlecht ein Stil verwirklichen. Die Nachwelt hat ihren Versuch »Directoire« genannt. Erst als Napoleon auf den Plan trat, war der Augenblick gekommen: Er hob die Hand, das Empire wurde geboren. Die Maler, die

Bildhauer, die Bronzegießer, die Tischler, die Baumeister begannen zu werkeln, und wenn Napoleon als Mann die modische Hemmungslosigkeit der Frauen gehabt hätte, so würden die Schneider damals nicht nur die Nachthemdengewänder der Julia und Kleopatra wieder eingeführt, sondern auch die Toga Cäsars für die Herren auf den Markt geworfen haben. So weit aber kam es nicht, vielleicht, weil Napoleon zu viel unterwegs war.

Das Empire verbreitete sich aus denselben Gründen über ganz Europa, wie heute – nun, sagen wir – der amerikanische Lebensstil überall »Eingang gefunden« hat: Eene meene ming mang, der Sieger bestimmt den Singsang. Ein einfacher Abzählvers, den man sich leicht merken kann.

Sehr begeistert waren die Deutschen damals nicht, weder von der französischen Invasion noch von dem neuen Empirestil, und sie hätten ihn überhaupt nicht mitgemacht, sondern wären bei dem maßvollen, halb rokokolich, halb klassizistischen Louis XVI. (dem mit den geradegezogenen Beinen) geblieben, wenn nicht in jedem besseren Haus irgendein französischer Besatzungsoffizier mit Kost und Familienanschluß einquartiert gewesen wäre und dauernd über die alten Möbel, Bilder, Kleider und Häuser gelächelt hätte. Nein, belächelt wollte man nicht werden; das konnten wir schon damals nicht vertragen.

So machten sich also auch die deutschen Maler, Bildhauer, Bronzegießer, Tischler und Baumeister auf und erstellten das Neueste vom Neuen! Und wir Nachfahren haben den ganzen riesigen Empirestil auf dem historischen Hals, statt des hübschen Ismus, der der Klassizismus hätte bleiben können. Darüber freuen sich nicht einmal die Antiquitätenhändler übermäßig, denn er läßt sich schwer verkaufen. Er ist sperrig, protzig, kalt, anspruchsvoll. Eine Zwei-Zimmer-Wohnung sprengt er glatt in die Luft. Die Möbel sind schwer, unbeweglich und ungemütlich, die Sessel steif und repräsentativ wie Throne, mit Greifenfüßen, halbfigurigen Faunen oder Sphinxen als Stützen, mit Schwanenhals-Armlehnen, quadratischen oder kreisrunden Rücken, die Tische ähnlich »kleopatriarchalisch«. Bei den Schränken schwebten die Schöpfer etwas im unklaren, da Brutus keine Beispiele geliefert hat: Sie sind also unterschiedlich, meist nicht hoch, mit strengen Senkrechten, eventuell Säulen, auf jeden Fall mit vergoldeten Beschlägen, oft auf Konsolen-Untersätze gestellt. Uhren, die man damals sehr liebte, montierte man gern auf die Schäfte von Säulenbruchstücken. Zu dieser Zeit entwickelte sich auch das Wand-Klavier, indem das Empire den Flügel mit seinem Saitenteil einfach senkrecht hinter der Tastatur aufrichtete – natürlich reich mit goldenen Figurenreliefs bestückt.

Ob sich Cäsar in diesem Milieu so sehr wohlgefühlt hätte, halte ich nicht für sicher. Ich glaube, er war viel weniger klassisch als Napoleon. Aber wir haben ja seltsame Vorstellungen von »klassisch«. Das Empire, das den Titel »Klassiker« übrigens zum ersten Mal als Spitze der Gefühle für einen Dichter angewandt hat, vergab ihn an Johann Christoph Gottsched und tat damit kund, daß man in Deutschland drei Bedingungen an einen Klassiker stellt: Er muß erstens langatmig, zweitens humorlos, drittens verstorben sein. In der Tat, zwischen Empiremöbeln kann man nicht lachen, sie sind, obwohl sie schüttelfest sind, dafür nicht gedacht. Ich kenne auch von Napoleon kein Zeugnis, daß er jemals gelacht hätte.

In Deutschland (auch in England und Skandinavien) trat das Empire nicht so extrem auf wie in Frankreich. Es hatte nicht jeder Sessel seinen Schwanenhals. Man fühlte im ganzen ziviler. Beispielsweise trug man, obwohl die napoleonische Kniehose mit Frackjacke noch bis etwa 1815 offizielle Staats- und Hoftracht blieb, auf der Straße schon sehr viel die lange kommode Hose, die sich dann im Biedermeier endgültig durchsetzte. Auch in der Baukunst (Säulenfassaden, Säulenvorbauten, stumpfe antike Giebel, flache Dächer, Treppenhallen mit kannelierten Pilastern) errichteten wir im Gegensatz zu Frankreich keine Panthéons. Die allerhöchsten Herrschaften begnügten sich mit dem Brandenburger Tor in Berlin (von Langhans), mit den Karlsruher Bauten von Weinbrenner, dem Schloß Wörlitz von Erdmannsdorff und einigen, später noch hinterherziehenden Bauten von Gilly, Schinkel und Klenze (wie den Propyläen in München und dem Schauspielhaus in Berlin). Privathäuser in reinem Empire blieben eine Seltenheit.

Mit der Bildhauerei verhielt es sich merkwürdig. Die klassizistische Plastik war schon früh, schon bald nach Winckelmann, begehrt, aber zunächst als echtes Ausgrabungsstück oder als Kopie. So hat auch Goethe sie in seinem Haus gehabt. Die zeitgenössische, die Neuschöpfung, drang erst mit Verspätung durch. Dannecker, Schadow, Canova, Thorwaldsen erlebten ihren höchsten Ruhm, als bereits das Biedermeier da war.

Den radikalsten Schnitt, die radikalste Umwälzung bereitete die klassizistische Welle der Malerei. Heute, aus der Entfernung von fast 200 Jahren, können wir uns von der Schockwirkung kaum noch einen Begriff machen. Jacques Louis Davids »Schwur der Horatier«, eine klassizistische, eisige Riesenleinwand, schlug wie ein Ziegelstein in eine Porzellanvitrine ein. Das ereignete sich 1784, als Fragonard noch seine Rokoko-Soufflés malte und an den Wänden der Boudoirs die

Galants der berühmten französischen Farbstecher hingen. Es hatte schon vorher in der Malerei Anläufe von Klassizismus gegeben, aber mit den »Horatiern“ brach der neue Stil elementar durch.

Es ist eine wirklichkeitsfremde Malerei, die sich das klassische Rom offenbar als ein einziges, immerwährendes Elysium voller Heroen und Halbgöttinnen vorstellte; eine Malerei, die die Natur mißachtete, die Gegenwart ignorierte, die Pose für schön und die Zufälligkeit für häßlich hielt. Großartig aber sind die Porträts und die Zeichnungen jener Zeit. Die Bleistiftzeichnungen Schadows wiegen viele Quadratmeter der Maler auf.

Als Napoleon auf Sankt Helena saß und das Biedermeier längst seinen Einzug gehalten hatte, ja sogar, als die Gründerzeit bereits gekommen war, dauerte der Einfluß der Klassik immer noch an. Anselm Feuerbach war einer der letzten, die – allerdings sehr individuell und romantisch abgewandelt – noch in ihrem Bann standen.

Schönes und Häßliches, es wohnt immer eng beieinander. Segen und Unheil stecken in fast allem gemeinsam, und irgendwie gehen von jeder Epoche gute Samen auf.

»Willst du nach den Früchten greifen,
eilig nimm dein Teil davon!
Diese fangen an zu reifen,
und die andern keimen schon;
gleich, mit jedem Regengusse,
ändert sich das holde Tal,
ach, und in dem selben Flusse
schwimmst du nicht zum zweiten Mal.«
(Goethe – der Größte jener Zeit)

Gespräch über Nasen

Nach Tisch legte Goethe sich eine Stunde hin, denn am Nachmittag stand ihm eine anstrengende Sitzung bevor. Kyprinsky hatte gebeten, sein Porträt malen zu dürfen. Kyprinsky war ein russischer Maler, jung, zierlich, schwarzgelockt, noch eine unbekannte Größe in der Kunstwelt. Zunächst ließ der junge Mann Farben und Pinsel beiseite und zeichnete nur.

Goethe war geduldig. In einer Pause ließ er Wein kommen. Er nahm die Blätter zur Hand und betrachtete sie kritisch.

»Habe ich eine so lange Nase?«

»Sie ist kräftig, Exzellenz, sehr markant.«

»Und so fleischig?«

»Im Alter werden alle Nasen massiger mit Ausnahme von Adlernasen.«

Goethe versteifte sich und schwieg eine Zeitlang.

Dann sagte er: »Für einen Künstler, gleichgültig ob Maler oder Poet, ist das tiefere Kennen aller Dinge nötig. Mit dem Erkennen, dem unmittelbaren Blick, der uns die Dinge erst in ihrer Wesenheit offenbart, wächst das Künstlertum. Eine lange Nase muß nicht als lang wiedergegeben werden, wenn sie dem perplexen Anblick des Gesichts nicht den Stempel aufdrückt.«

»Ich verstehe sehr gut, Exzellenz, und werde es mir zu Herzen nehmen, um so mehr als ich weiß, daß Euer Exzellenz selbst sehr gut zeichnen.«

»Früher. Ich habe besonders auf Reisen gezeichnet, was meine Theorie unterstreicht. Dort war alles ungewohnter, perplexer Anblick.«

»Ich verstehe. Aber Exzellenz suchen doch auch die Ähnlichkeit, die möglichst genaue Ähnlichkeit. Und die beurteilen Exzellenz Ihrerseits aus dem gewohnten Spiegelbild, während ich mich doch einzig auf die erste, überraschende Ansicht, die erste Begegnung, berufen kann.«

»Sie sprechen klug, das freut mich. Jedoch sehe ich kein unüberwindliches Hindernis, beides zu verbinden. Nennen wir es so: Ich suche auf Ihrem Porträt mich, aber Sie hoffe ich zu finden.«

»Euer Exzellenz haben die Formel gefunden«, strahlte der Maler, »dieses wunderschöne Wort hilft mir mehr als ein Dutzend Skizzen.«

»Die Individualitäten, lieber Herr Kyprinsky, werden lauter. Im vierzehnten und fünfzehnten Jahrhundert hat, mit geringen Ausnahmen, kein Maler seine Bilder signiert. Er fühlte sich als Diener an seinem Auftraggeber oder seiner religiösen Überzeugung. Dann begannen die Signaturen, und das läßt erkennen, daß der Maler sich als Persönlichkeit zu fühlen begann. So blieb es. Er wollte unverwechselbar sein. Die Individualität wird sich noch ungeahnt in den Vordergrund drängen, das ist unschwer zu erkennen. Auch kommerzielle Gründe werden mit ins Spiel kommen.

Eine Begleiterscheinung aber ist – und daran denkt man wohl am wenigsten –, daß die Maler beginnen werden, sich künstlich Originalität zu geben. Ich wage einen großen Wandel in der Malerei zu prophezeien. ›Ich bin so‹, ›ich sehe das so‹, werden sie ausrufen und mir ein drittes Auge und eine grüne Nase malen.«

Der junge Maler lachte aus vollem Halse.

»Sie halten das für undenkbar, mein Lieber? Ich nicht. Wenn das Dienende in der Kunst wegfällt, ist der Bedenkenlosigkeit Tür und Tor geöffnet, einer Freiheit, die ins Chaos führt.«

»Ausgeschlossen, Exzellenz! Malerei ist Abbildung und muß es als Sinn bleiben!«

»Weit gefehlt! Haben Sie einmal von den Bildern des Engländers Turner gehört? Nein? Nun, er malt Landschaften, in denen man Einzelheiten wie Schiffe, Häuser, Bäume nur noch wie im Nebel erkennt. Nun gut. Er könnte sich damit herausreden. Aber solche Nebel gibt es nicht, es sind, wie man mir berichtete, Feuergluten aus Rot, Gelb und Blau. Sehen Sie: Das gibt mir ein, zu sagen, daß die Malerei sich in unvorstellbarem Maße wandeln wird.«

»Das wäre krankhaft, Exzellenz. Bitte, halten Sie einen Augenblick still. Gleich habe ich es.«

»Krankhaft?«

»Seelisch krankhaft.«

»Die Seele kann im Fieber wundersame Gesichte haben. Wer sie zu Papier oder zur Leinwand zu bringen vermag, kann sich glücklich nennen. Aber wir schweifen vom Thema ab. Übrigens sind zwei gute Stündchen vergangen, und wir werden Schluß machen. Künftig müssen Sie sich gelegentlich mit einer halben Stunde begnügen.«
»Wie schade, Exzellenz.«
Kyprinsky packte seine Utensilien zusammen und verabschiedete sich.

Hommage au douanier

Henri Rousseau war Zöllner und ist es bis heute geblieben. Ist es nicht so, als ob er von jedem, der längst die Welt Dürers, Rembrandts, Goyas, van Goghs und Manets betreten hat, noch einmal den Tribut kindlichen Glücks forderte, ja geradezu »eintriebe«? Mit leichtem Erröten (in Gedanken an Rembrandt) zahlt man den Zoll an die »unbewältigten« seligen Kindheitserinnerungen, als die ganze Erde noch so schön war, wie nie mehr. Da war das Gras noch grasgrün, da waren die Ziegel noch ziegelrot und der Himmel himmelblau, und die Menschen bestanden aus dunklen Augen, Schnurrbärten, Schlapphüten, blauen Röcken und sonst nichts: Gestalten, die immer um neun Uhr abends unter dem Fenster vorbeigingen, oder einen Blumenkarren zogen oder als kleine Punkte am fernen Ufer der Seine spazierengingen und Monsieur und Madame

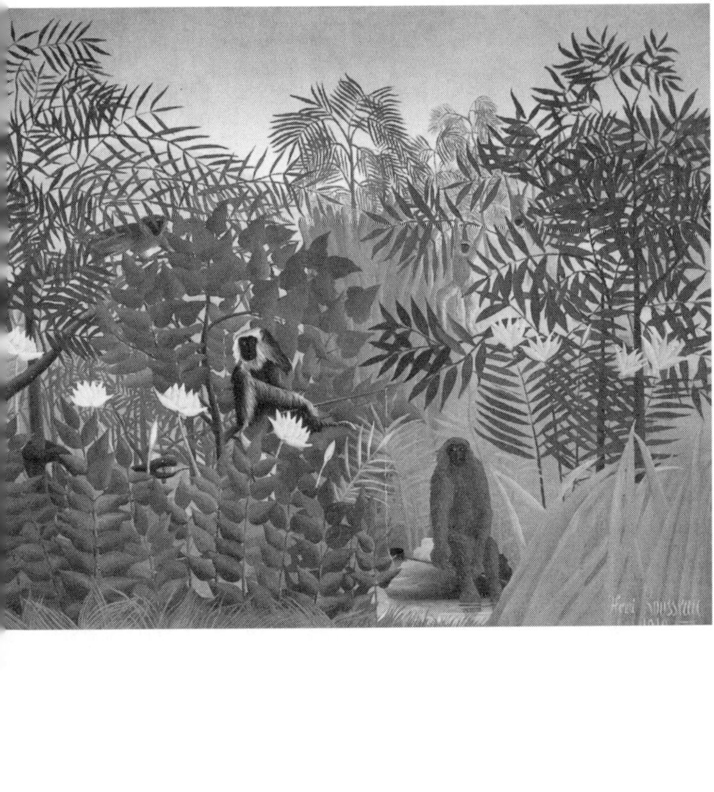

Henri Rousseau, Tropischer Dschungel mit Affen, 1910
New York, John Hay Whitnay Collection

hießen. Ein Aeroplan am Himmel war Glücks genug für einen ganzen Tag.
Dieses »Was war das, was mir damals, als ich eines Tages ans Fenster trat, die Rue de la Bievre so wunderbar erscheinen ließ«, dieses Herausholen eines Glücks aus der Tiefe des versiegten Brunnens, dieses Wiederbringen verlorener Unschuld, dieses Rückgängigmachen der Lebenszeit, dieses Reduzieren der Welt auf die ganz bescheidene Seligkeit – das ist das Wunder der Kunst Henri Rousseaus. Er war nicht der erste (der pennsylvanische Pastor Edward Hicks malte schon Anfang des 19. Jahrhunderts ähnlich), aber er war der erste, der eine Kardinalbedingung des echten Genies erfüllte: Er wußte nicht, daß er naiv war, er glaubte an sein Olympiertum.
Auch wenn man die Kunst des Henri Rousseau so analysiert hat, bleibt sie ein Rätsel, ein Rätsel von anderer Art als das, das jedes Meisterwerk umgibt. Es ist ein Stück ins 19.Jahrhundert übersetzter Gotik in ihm. So unkompliziert, wie sich einem Sassetta die Glaubenswelt, so stellte sich Rousseau die irdische Welt dar.
Ist das zu gewagt gesagt?

Paula Modersohn-Becker

Paris hatte sie gelehrt, daß man darf,
wenn man kann. Daß man weder im Leben
noch in der Kunst heucheln soll. Und daß
Gott dann die unbeholfenste Linie segnen
und aus Hölzernheit Keuschheit machen wird.

Nachruf auf Leibls »Dachauerinnen«

Im Besitz der Nationalgalerie Berlin befand sich ein Gemälde von Wilhelm Leibl, »Dachauerinnen«, Öl auf Leinwand, 1,40 m mal 1,13 m, gemalt 1874, das in den letzten Kriegstagen im Mai 1945 vernichtet wurde.

Ein berühmtes Bild, dessen Geschichte nicht einen Hauch von etwas Besonderem hat. An dem Bild ist nichts dran, außer daß es schön ist. Das Thema ist das denkbar einfachste, bescheidenste und anspruchsloseste: Es gibt keine Probleme auf, es ist nicht wissensbeladen, nicht hintergründig, und es setzt nichts voraus; inhaltlich gibt es nichts, was »verstanden« werden müßte. Zwei Dachauerinnen, bäuerliche Frauen, die eine jung, die andere etwas älter, sitzen an einem Tisch und wenden sich – wohl im Gespräch – einander zu. Das ist alles. Der Vorwand für den Maler ist uns klar: ein Stilleben. Er hätte

auch ein paar Birnen und Äpfel zwischen altem Stoff und Schmuck vor weißer Wand wählen können.
Was den Verlust dieses Bildes so schmerzlich macht, ist seine rein malerische Qualität, eine Qualität, wie man sie sogar in bedeutenden Museen unter hundert Gemälden nur einmal trifft. Dieses rein Malerische, das heißt: dieses Musizieren in feinsten, subtilsten Farbnuancen, dieser gedeckte Alt-Gesang in Grau-schwarz-weiß und altrosa Tönen, diese malerische Empfindsamkeit nachzufühlen, ist leicht für jeden, dem ein Organ dafür eingeboren ist, und unmöglich oder unzulänglich für den, der in einem Bild eine Neuigkeit sucht oder ein Ereignis oder eine Rührung oder einen Aufschrei oder eine weltanschauliche Abhandlung.
Es ist klar, daß die Generationen Leibl sehr verschieden eingeschätzt haben. *Wie* verschieden, ist erschreckend. Im Jahre 1869, also wenig vor den »Dachauerinnen«, hatte der damals 23jährige Leibl in Düsseldorf ein Bild ausgestellt, für das er eine Goldmedaille bekam. Ein Kritiker nannte ihn »Malerkönig«. Das war also zu der Zeit, als der

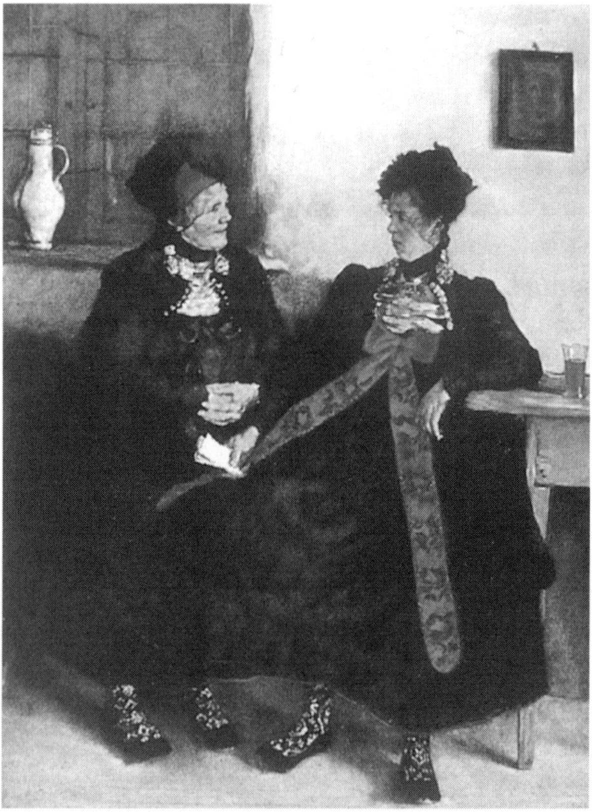

Wilhelm Leibl, Die Dachauerinnen, 1874
140 × 113 cm
Ehemals Berlin, Staatliche Museen (Kriegsverlust)

Gründerstil regierte, und als angeblich alle Augen verklebt waren.
Kurz nach dem Ersten Weltkrieg schrieb der sehr angesehene Kunsthistoriker Luckenbach: »Man hat in letzter Zeit mehrfach Leibl in Hinsicht auf seinen Farbvortrag mit Holbein verglichen, unseres Erachtens steht der alte Meister hinter Leibl zurück, da er Luft und Licht des Innenraums in dieser Vollendung noch nicht hat malen können. Überhaupt dürften wohl die recht behalten, die behaupten, in der Feinheit des malerischen Vortrages werde Leibl von keinem andern deutschen Maler übertroffen.« Das war also zu der Zeit, als der Expressionismus regierte.
1929 schrieb Otto Fischer in seiner Geschichte der deutschen Malerei: »Leibl hat die vollendetsten, malerisch reichsten Bildnisse seines Jahrhunderts geschaffen ... die neben Holbeins Meisterwerken bestehen können.« Das war also zu der Zeit, als die »gesunde Volkskunst« regierte.
1957 kam Germain Bazin, Direktor des Louvre, zu der Erkenntnis, daß »Leibl in seinem monumentalen Realismus gescheitert« sei.

Das war also zu der Zeit, als der Tachismus (la tache – der Klecks) regierte.
In Knaurs »Malerei aller Zeiten« von 1961 ist Wilhelm Leibl nicht mehr erwähnt ...
Wenn Sie, verehrter Leser, ein strammer Marschierer unserer Zeit sind und volles Vertrauen zu der wunderbaren Kultur der Gegenwart haben, dann müssen Sie hier mit dem Lesen aufhören.
Wir anderen dagegen wollen einmal sehen, ob wir uns über die Ewigkeitswerte eines so schlichten Bildes wie der »Dachauerinnen« nicht doch klarwerden können.
Zunächst müssen wir einmal unterscheiden zwischen einem Erlebnis und einem Genuß. (Ich muß in beiden Fällen das Wort »inneren« hinzufügen, um den Scherzbolden den Einwand zu nehmen, ein Gänsebraten könne sowohl das eine wie das andere sein.)
Ein Erlebnis, also inneres Erlebnis, kann durch sensuelle Überraschung, durch intellektuelle Verblüffung, durch eine gedankliche Assoziation, kurzum durch einen Effekt zustande kommen. Nicht immer mündet es in einen anhaltenden Genuß. Denn es bedeutet noch keinen Genuß, wenn eine Über-

raschung auch noch bei einer weiteren Begegnung anhält. Genuß setzt im Gegenteil Stille voraus, er setzt voraus, daß die Emotion abgeklungen ist oder niemals dominiert hat.

Nicht allen Werken, die ein »Erlebnis« sind, gelingt es, darüber hinauszukommen. Picasso, zum Beispiel, lebte zum größten Teil davon, nur zu erregen. Wenn es schon eine Frage ist, wie lange der einzelne darauf anspricht, so ist es noch viel zweifelhafter, wie lange sich Generationen davon berühren lassen.

Mir scheint, daß die Abklärung vom Erlebnis zum Genuß unerläßlich ist, um ein Werk unsterblich und wirklich groß sein zu lassen. Rembrandt, Grünewald, van Gogh, Manet, Kirchner, Corinth, Soutine haben alle seinerzeit mit dem Kartätschenschuß des Erlebnisses begonnen. Das Erlebnis hat längst die Kraft seiner Überraschung verloren, geblieben ist die hohe, die höchste ästhetische Befriedigung.

Es hat wenige Maler gegeben, die sofort und ohne die erste Stufe des »Erlebnisses« das Ziel erreichten. In deren Bildern steckt von vornherein nichts an Emotion. Wenigen ist es gelungen, denn die Gefahr, blutlos ins Schön-schön und ins sanfte Gefällige abzugleiten, ist groß. Wenn es aber durch eine besondere Begnadung geglückt ist, dann sind Kunstwerke wunderbarer Ruhe entstanden: Piero della Francescas Fresken, Vermeers und Terborchs Bilder, Braques und Morandis Erbe. Zu diesen wenigen gehört Leibl mit einem Dutzend Bilder, darunter die »Dachauerinnen«, die nun für immer verloren sind.

Es ist ein Unterschied zwischen
Sehen und Erleben,
zwischen Sehsucht und Sehnsucht.

Albrecht Dürer
Eine Biographie

Nürnberg im Jahre 1471.
In seinen Mauern sitzen die steinreichen Fuggerrivalen, die Tucher, die Imhoff, die Scheurl, die Pirkheimer.
Freie Reichsstadt. Selbst die uneinnehmbare Burg gehört, seit der Hohenzoller Graf nach Brandenburg berufen wurde, dem Rat der Stadt.
In den Straßen sieht man so viel pelzverbrämte Mäntel, so viele Brüsseler Spitzen wie sonst nirgends mehr. Die Planwagen, die durch die zyklopischen Tore hereinfahren, kommen von weit her. Sie schwanken unter ihrer Last. Und schwankend fahren sie wieder hinaus. Mit berühmten Nürnberger Waren, mit Stoffen, mit Gold- und Silberwaren und mit feinen Instrumenten.
In Nürnberg wird die Taschenuhr erfunden. Astronomen werden durch die wunderbarsten Instrumente angelockt.

Beheim baut in diesen Mauern den ersten Globus.
Kaiserliche Herolde und Kuriere kommen und gehen.
Fürsten kommen und gehen.
Dann glänzt das Rathaus bis zum Giebel hinauf von Hunderten von Kerzen.
Scheurl steht, die Bürgermeisterkette auf der Brust, gelassen und ruhig wie aus Erz da und empfängt Kardinäle, Herzöge und Kaiser.
Auf der Straße drängt sich das Nürnberger Volk und gafft.
In einem Hause, das dem Patrizier Johann Pirkheimer gehört, gebiert am 21. Mai eine Handwerksmeistersfrau das dritte ihrer achtzehn Kinder.
Es ist Albrecht Dürer.
Die Stadt nimmt keine Notiz davon, daß eine abgehärmte, blasse Frau hier einem Genie das Leben gibt.
Die Stadt wird nie allzuviel Notiz von ihm nehmen! Ein Maler! Ein angesehener, zugegeben. Aber ein Handwerker. Ein Pinselquäler.
Sogar dem gütigen, verständnisvollen, hochkultivierten Philipp Melanchthon ent-

schlüpft später einmal in einem Brief an seinen Nürnberger Freund Willibald Pirkheimer die verwunderte Frage, wie es neulich kommen konnte, daß »ein bloßer Maler« dem gelehrten Freunde im Wortgefecht so heiß zusetzen konnte.

Dürer ist es, der diese Vorstellung mit seinem Leben und Beispiel in Deutschland für alle späteren Zeiten ändert. (Carl Hofer, dem Maler unserer Zeit, fiel es schon wieder auf, daß es eine *zuwenig* beachtete Tatsache ist, daß im Gegensatz zu Literaten und Musikern die bildenden Künstler zu einem wesentlichen Teil aus den niederen Schichten des Volkes stammen.)

Als Melanchthon dies Wort schreibt, ist Dürer schon ein bekannter Mann.

Er hat zuerst bei seinem Vater als Goldschmied und Graveur gelernt.

Danach hat ihn Vater Dürer auf sein Drängen hin Maler werden lassen.

Wohlgemuth ist sein erster Lehrmeister. Der Name strahlt Bravheit und Harmlosigkeit aus. So malt Wohlgemuth auch. Dürer nicht.

Dann wird das Bündel geschnürt.

Wanderschaft.

Der Mann, der 1494 zurückkehrt, hat nicht mehr das weiche Gesicht, das er zuvor so oft vorm Spiegel mit Silberstift gezeichnet hat. Die Gesellen haben ihn schikaniert und gequält. Der Pöbel ist roh.
Aus der Fremde bringt er auch ein Selbstbildnis mit, das heute im Louvre hängt. Wem er's zeigt, der staunt. Der Maler hat sich selbst gemalt! Allein auf einem Bild! Wie Christus oder ein Fürst! Was geht denn in diesem jungen Menschen vor?
Es ist das erste große, demonstrative, bekennerische Solo-Selbstbildnis des ganzen abendländischen Nordens!
Der Vater hat inzwischen vorgesorgt und ihm eine Braut gefunden. Aus seinem Stande. Bett und zweihundert Gulden sowie ein langbezopftes Mädchen stehen bereit. Man erwartet denselben Albrecht zurück, der fortgegangen ist.
Aber Dürer hat sich verändert.
Er heiratet gehorsam. Brot schmeckt süß. Aber bald merkt er, daß er allein geblieben ist. Auf einem späteren Bild seiner Frau erscheinen zwar von seiner Hand die Worte »Mein Agnes«, die hübsch klingen, aber was

besagt es! Der Patrizier Willibald Pirkheimer, mit dem er eng befreundet wird und der gewiß nicht besondere Sentimentalität aus seinem Kreise gewohnt ist, hat die Agnes hundertmal eine verständnislose, zänkische, engstirnige Frau genannt.

Dürer trinkt auch gern. Zunehmend mit zunehmenden Ehejahren.

Es wird heute viel geforscht, und es wurde damals viel getuschelt.

Wissen tun es beide Zeiten nicht.

Warum soll er nicht unglücklich gewesen sein?

Nichts wäre falscher, als in ihm einen gemächlich hinter Butzenscheiben vor sich hin zeichnenden Mann zu sehen. Dürer ist ein Kämpfer, jauchzend und zu Tode betrübt, wie es Goethe verlangt.

Vom ersten Tage an, seit er wieder in Nürnberg ist, arbeitet er wie ein Besessener. Er empfindet eine ungeheure Schaffenslust: Er ist frei! Endlich frei. Er hat ein Heim, er ist zu Hause, er ist verheiratet, er hat etwas Geld. Die Wanderjahre sind ekelhaft gewesen. Dieses Schikanieren, dieser Dreck, dieses Fluchen, Kotzen, Rotzen, Saufen der

Rüpel. Mit geschlossenen Augen ist er durch diese Jahre gegangen.
Das ist vorbei. Endlich.
Kurz nach der Heirat wird er Meister und Bürger.
Ein großer Tag bei Dürers. Alle sind sehr stolz.
Dann macht Albrecht sich selbständig.
Gesellen und Lehrlinge werden angenommen, Kupfertafeln, Stichel, Pressen, Walzen, Farben, Leinwand, Pinsel gekauft.
Die alte Dürerin und die junge Frau Dürer sitzen in einer Bude auf dem Markt und verkaufen Albrechts Kupferstiche, die von der Presse semmelwarm auf den Marktplatz kommen. Zu großen Marktfesten fährt Frau Agnes, neben sich in der schweren Kiste die Erzeugnisse ihres Mannes, bis nach Augsburg und Frankfurt.
Dieser Dürer! Wie er Geld verdient!
1494/95 macht er seine erste Reise nach Italien. Keine Rundreise. Nur nach Venedig. Venedig ist neben Florenz und Rom die Hochburg der Renaissance-Kunst.
Staunend geht er umher. Fränkisch eisern wie ein Panzer überrollt er alle Gefahren. Er

sieht nur Formen, Linien, Formen, Linien. Er ist seltsam angerührt. Hier stecken Möglichkeiten, die man sich merken muß.
Er kehrt zurück und schneidet sein erstes großes Werk in Holz: die Offenbarung Johannes.
Da ist nicht ein Tüpfelchen von Venedig drin. Aber es ist dennoch das Produkt einer Verwandlung.
Eine Fortsetzungsgeschichte! Wie seltsam.
Die Leute, die vor Agnes' Bude stehenbleiben, machen sich natürlich keine Gedanken. Sie spüren nur: Diese Bilder, zum erstenmal so gezeichnet, haben in ihnen geschlummert. Just diese!
Was für »diese«? Nun, eben diese. Man kann es nicht sagen.
O doch, man könnte es schon sagen. Aber es wird noch deutlicher, warten wir's ab.
Seine Druckerei arbeitet von morgens bis abends. Mit den Fuhrwerken der Fabrikanten gehen ständig auch Stapel von Dürerschen Stichen und Holzschnitten hinaus. Raubritter Kunz erwischte auch einmal einen Wagen mit einer dürerschen Kiste. Er fluchte nicht schlecht!

Um diese Zeit geht Albrecht Dürer, der »bekannte Maler«, schon sehr betont elegant durch die Straßen. Er hat schon immer etwas Nobles im Wesen gehabt. Sein Antlitz ist fast hochmütig. Seine Hände sind die eines Edelmannes. Seine Kleidung mit einem Hang zum Zierlichen. Die Haare liegen wie gemeißelt an seinem Kopf. In der Bartpflege ist er beinahe ein Kindskopf.
Wissen Sie, daß Dürer schielt?
Ja, er schielt. Nicht viel, nur das linke Auge macht sich immer ein bißchen selbständig. Die Kunsthistoriker werden es später viel vornehmer den »Dürerblick« nennen.
Er ist eine noble Erscheinung, wenn er so zu den Tuchers geht. Die Tuchers wollen sich von ihm porträtieren lassen.
Das ganze Patriziat folgt, denn diese Bildnisse sind meisterhaft. Auch in ihnen spüren die Betrachter, daß er etwas zur Leinwand gebracht hat, das darauf gewartet hatte.
Kurz nach der Jahrhundertwende reist er abermals nach Italien.
Zur Deckung der Reisekosten nimmt er fünf Bilder mit. Er ist gespannt, ob er sie losbekommt.

Ja, er verkauft sie leicht. Vor ihnen stehen die Italiener genauso seltsam berührt, wie er vor ihren Bildern. Hier impfen sich zwei anscheinend gegenseitig. Auf der einen Seite ein einzelner Mann, auf der anderen Seite eine ganze Künstlergeneration.

Auf dieser Reise wird es Dürer selbst zum erstenmal klar, was angesichts der Renaissance in ihm vorgeht: Er entdeckt die Würde des Individuums, die Existenz der Freiheit.

Die Worte sprechen sich heute leicht aus. Damals war es die Entdeckung einer neuen Welt.

Wir verstehen es heute kaum.

Es ist auch nicht notwendig. Es genügt, daß es festgestellt werden kann.

Ja, das ist es, was die Menschen, was die Nürnberger vor seinen Stichen und Bildern spüren, ohne es ausdrücken zu können.

»Ecce homo« rufen seine Porträts von Felicitas Tucher, Oswolt Krel, Willibald Pirkheimer und dem Unbekannten, in dem einige Matthias Grünewald vermuten.

»Ecce homo«, sehet, welch ein Mensch, hat bisher niemand zu sagen gewagt außer zu dem Antlitz des Erlösers. Dieser Dürer jedoch wagt, wie Grünewalds Jünger auf dem Kreuzigungsbild, mit dem Finger und mit ehrfürchtiger Gebärde auf die Menschen zu weisen und zu sagen: Da ist das ganze Universum, in diesem Gesicht alle Leiden und Freuden, in diesen Augen alle Hoheit, alle Niedrigkeit, in diesem Mund alle Energie und Kraft oder alle Weichheit und Schönheit der Erde. Ein Mensch nur, irgendein Mensch, sagt ihr? Seht ihr denn nicht: der ganze Roman der Menschheit!

Es entstehen wunderbare Porträts. Er schneidet und zeichnet alle berühmten Zeitgenossen. Ihre Bilder gehen in die Welt. Die Bürger, selbst die einfacheren, kaufen sie, denn es ist eine neue Seite in ihnen angeschlagen. In den Köpfen, deren Namen sie kennen, aber deren Züge ihnen früher unwesentlich gewesen wären, sehen sie plötzlich mit einem noch unklaren Gefühl der Ich-Bezogenheit interessante Persönlichkeiten.

Dürers Marktstand in Ingolstadt, der nun von Gesellen betreut wird, ist der erste »Illustrierten«-Vertrieb. Nur darf man das Wort

angesichts der heute oft so widerlichen Illustrierten nicht mißverstehen. –
Dürer malt das »Rosenkranzfest«.
Ein großes Ölbild. In der Mitte Maria mit dem Kinde. Rechts kniet Kaiser Maximilian, links kniet der Papst. Beide werden gekrönt, der eine von Jesus, der andere von der Jungfrau.
Ihre Gesichter sind unpersönlich.
Zwei Ämter werden gekrönt.
Aber um sie herum wimmelt es von Personen mit lauter großartigen Gesichtern. Um sie herum ist die halbe Menschheit versammelt, lauter Charaktere, die einzeln gewürdigt, einzeln geachtet, einzeln erlöst werden wollen und ahnen, daß sie einzeln und persönlich mit ihrem Gott sprechen müssen.
Das alles steht für die Zeitgenossen klar und deutlich drin.
Sie wissen nur nicht, wie sie es auffassen sollen und was das bedeutet. Bis zu Luthers 95 Thesen ist es noch zehn Jahre hin. Ganz rechts im Hintergrund steht neben seinem neu erworbenen vornehmen Freund Pirkheimer der Maler selbst. Er blickt seitlich

verstohlen zu den Betrachtern des Bildes hin. Es ist, als wolle er beobachten, wie sie es aufnehmen.
120 Gulden, 5500 Mark, erhält Dürer dafür. Zwei solche Bilder, und er kauft sich das schöne Haus am Gärtnertor. Das heutige »Dürerhaus«.
Er löst auch die Hypotheken für das väterliche Haus »Unter der Vesten« ab.
Der alte Vater hat es nicht mehr erlebt.
Nur die Mutter lebt noch.
Sie verbringt ihre letzten Jahre im Glanz ihres Sohnes, des einzigen, der es zu was gebracht hat. Sie begreift den Glanz natürlich nicht mehr ganz, denn sie sieht ihn nur vom Fenster ihres Kämmerchens aus, das sie nie mehr verläßt. Sie traut der Welt nicht. Sie hat sich fürchten gelernt.
»Sie hat viele schwere Krankheiten gehabt, hat große Armut erlitten, Verspottung, Verachtung, höhnische Worte, Schrecken und große Widerwärtigkeit, doch hat sie es niemals jemand vergolten«, schreibt Dürer bei ihrem Tode.
Nun ist er also mit Agnes allein.
Sie sitzt natürlich nicht mehr auf den Märk-

ten. Man sieht sie wenig. Auf seine niederländische lange Reise begleitet sie Albrecht. Dürer zeichnet sie, fein aufgeputzt, auf dem Rheinschiff. Eine rundliche, amusische, aber sicher redliche Frau ist aus dem Mädchen mit den Zöpfen geworden.
Eine schöne, repräsentative Ehegemahlin hat Dürer, der aristokratische, pelzgekleidete Herr, leider nicht.
Wenn Albrecht auf der Reise von Fürsten und Stadträten zu Festessen ihm zu Ehren geladen ist, zieht es »sein Agnes« vor, mit der Magd, die sie mitgenommen hat, allein in der Herberge zu essen.
Auf dieser Reise, 1520/21, erfährt Dürer, wie groß schon sein Ruhm ist.
Zunächst stellt er fest, daß er bereits fleißig bestohlen wird. Fremde Maler kopieren seine Bilder und zeichnen sie mit seinem Namen. Fremde Drucker drucken seine Holzschnitte und Radierungen nach. »Ich werde«, denkt er, »mir meine Werke vom Kaiser selbst schützen lassen.« Dieses Ich-Bewußtsein ist die Geburtsstunde des »Copyrights«. Maximilian und Karl V. schützen später tatsächlich seine Werke gegen die inzwi-

schen zur Horde angewachsenen Nachahmer durch ein »Privilegium«.
In Köln pilgert er zum Altarbild »Maria im Rosenhag« des nun schon fast hundert Jahre toten Stephan Lochner. Dürer steht andächtig davor. Aber er hat nie deutlicher gefühlt, daß er eine neue Welt heraufführen hilft.
Hilft. Denn seit zwei Jahren mißt er sich selbst keine große Bedeutng mehr bei. Seit zwei Jahren sieht er in Doktor Martin Luther den großen Zeiten- und Sinneswender. Er bewundert ihn glühend. Was bedeutet da ein Maler?
Er irrt sich. Er *ist* ein Luther. Wenn es heute so aussieht, als würden wir diesen Zeitenumbruch in seine Werke hineingeheimnissen, so täuscht das. Die Zeitgenossen *sahen* es.
Antwerpen gibt ihm ein Staatsbankett.
Der Rat holt ihn ein. Die Bürger stehen Spalier. Die Menschenmenge verneigt sich, sobald er naht.
Beten sie ihn an vom Hörensagen?
O nein. Wir ahnen heute nicht mehr, was Dürer ihnen gab.
Die Venezianer boten ihm 200 Gulden jähr-

lich festes Gehalt, wenn er zu ihnen kommen würde. Die Antwerpener bieten ihm jetzt 300 Gulden.
Dürer lehnt gerührt ab.
Der dänische König, der in Brüssel weilt, hört von Dürers Anwesenheit.
Herolde holen ihn ab und entführen ihn den Antwerpenern.
In Brüssel sitzt er beim Bankett des Königs neben dem Kaiser Karl, der Königin von Spanien und Kaiser Maximilians Tochter.
Der Kaiser schenkt ihm ein jährliches Gehalt.
Die Reise trägt seinen Ruhm über ganz Europa.
Schweigend verhält sich die Kirche.
Mit untrüglichem Instinkt sieht sie in seinen Werken »95 Thesen«. Aber da seine Bilder nicht laut werden, schweigt auch sie.
Dürer befindet sich auf der Rückreise in Antwerpen, als die Nachricht – wie ein Lauffeuer durch Deutschland gerast – eintrifft, daß man Luther auf dem Heimweg von Worms verräterisch verhaftet hat.
Die Nachricht stimmt nicht, aber Dürer und alle Freunde glauben sie.

Er ist entsetzt.
In dieser Stunde bricht aus ihm der Revolutionär hervor, der rasende Roland, ein Vulkan.
Seite um Seite seines kleinen Notizbuches füllt er mit Anklagen.
Wütend, todtraurig, gehetzt verläßt er die Niederlande.
Gut, daß er abreist.
Hinter ihm entzünden die Inquisitoren bereits die ersten Scheiterhaufen. Die alte Zeit erhebt noch einmal ihr Haupt?
O nein, nur eine fremde Macht. Eine Macht aus der Fremde, die vor kurzem noch von »ihrer« rinascita träumte.

—

Dürer tritt in seinen letzten Lebensabschnitt ein.
Er hat den Menschen ihre Würde, ihr Gefühl für innere Freiheit, ihr Gesicht gegeben.
Jetzt gibt er ihnen das endgültige Gesicht Christi.
Ja, nichts Geringeres schafft er: Er gibt einen Holzschnitt heraus, »das Tuch der Veronika«, und dieses Antlitz Christi wird mit einem Schlage das Bild Jesu in der Vorstel-

lung aller Menschen und bleibt es bis auf den heutigen Tag.

Warum? Es ist uns wieder unverständlich. Wir können nur feststellen: Es ist das gleiche Gefühl für die Wende. Dies Antlitz ist weder entrückt-heilig, noch zerquält, noch anklagend. Es ist nichts als vollendete menschliche Würde.

So, scheint Dürer zu sagen, sieht jeder Christus aus.

Unter uns Menschen.

Und dieser Gedanke ist die neue Zeit.

Raffael übernimmt 1517 in seine »Kreuztragung« diesen Christus Albrecht Dürers.

Dem Martin Luther, dem Dürer leider nie begegnet, obwohl er es sehnlichst wünscht, schickt er als Geschenk Holzschnitte und Stiche. Darunter, wie wir vermuten, seinen »Ritter, Tod und Teufel«.

Das Ende der gotischen Nach-Herrschaft ist besiegelt. Dürer wird von seiner Zeit nicht nur in dem, was wir bewundern, geliebt. Seine Zeit hat einen Empfänger für Wellen, für die wir heute abgestumpft sind.

Gleichzeitig mit Martin Luther beginnt Dürer »deutsch« zu schreiben.

Ja, er sitzt in seiner Stube und hat den Stichel mit der Feder vertauscht. Er schreibt ein Lehrbuch. Eine Kunstabhandlung.
Titel: »Die Speise der Malerknaben.«
Vergessen ist, was er darin sagt.
Unvergessen ist, daß er mit traumwandlerischer Sicherheit zur gleichen Sprache kommt, zu der 500 Kilometer weiter fort, auf der Wartburg, Luther gelangt.
Ehe beide zur Feder greifen, gibt es keine moderne deutsche Sprache.
Die Weltsprache ist Latein.
Dann gibt es noch Reime.
Dann gibt es noch die ungehobelte Alltagssprache, schon eine Tagereise weiter kaum noch verständlich.
Dürer kann lateinisch, keine Bange!
Aber wie es Luther überfällt, so treibt es ihn – dieses »es«, das ihn zu allem ausersehen hat –, ein neues Deutsch zu schreiben.
Das Buch ist der Schlußpunkt. Er dürfte fehlen, aber es ist gut, daß er da ist.
Seine Mission ist erfüllt.
Seine Gedanken, seine Gesichte, seine Gefühle ziehen mit den Bildern kreuz und quer durch das Abendland. Sie bereiten alles vor.

1528, sechs Wochen vor seinem 57. Geburtstag, am 6. April, stirbt Albrecht Dürer.
Das Genie ist tot.
Deutschland trauert.
Wie lange?
1650 läßt die Kirchenverwaltung das Grab, in dem seine Gebeine ruhen, »ausräumen«. Es wird Platz geschaffen für andere gute Christen.

Wer war Gottlieb Biedermaier?

Gottlieb Biedermaier ist, was das Rätsel seiner Existenz betrifft, geradezu Deutschlands Homer. Die Parallelen sind schlagend: Hat es ihn gegeben? Hat er gelebt? Ist er der Schöpfer des Biedermeier? Diese und ähnliche Fragen stellen ihn neben den bekannten Griechen, und wenn man bedenkt, daß es lediglich zwei Bücher sind, angesichts deren sich die Homerfrage erhebt, während mindestens fünftausend Biedermeiersekretäre und zwanzigtausend Originalbiedermeierstühle die Biedermeierfrage aufwerfen, so könnte man das deutsche Problem fast brennender nennen.

Nachdem wir das gewürdigt haben, wollen wir mit deutscher Gründlichkeit nun das Problem lösen.

Besagter Gottlieb Biedermaier schreibt sich mit »ai«, die Epoche unerklärlicherweise mit »ei«. Wahrscheinlich hat sich Wilhelm II. da einmal verschrieben. Ich erinnere mich, daß mir mein Vater, der allerdings ein passionierter Flunkerer war, erzählte, Wilhelmshaven mit »v« sei auf einen höchstdero gleichen Irrtum zu seiner Schreibweise gekommen.

Nun ist ein Hafen ein Hafen, gleich welchen Buchstabens er sich bedienen mag, und auch Gottlieb Biedermaier ist es egal, denn er hat, im Gegensatz zu Homer, nie gelebt. Dies kann man auf folgende einfache Weise feststellen:

Man blättere die Journale des vorigen Jahrhunderts durch; man kommt dabei auch automatisch zu den »Fliegenden Blättern« und stößt dort im Jahrgang 1833 zum ersten Mal auf den unter einem Gedicht stehenden Namen Gottlieb Biedermaier. Nimmt man sich nun die Korrespondenz der Redaktion und die Honoraranweisungen vor, so stellt sich heraus, daß es ein erfundener Name, ein Pseudonym ist, unter dem zwei Männer ihre ironisch-betulichen Verse über die saumselige nach-napoleonische Zeit veröffentlichten. Der eine war Ludwig Eichrodt (Oberamtsrichter!), der andere Adolf Kussmaul (der

berühmte Internist!). Sie ihrerseits hatten dabei auf zwei Figuren von Wilhelm Hauff zurückgegriffen, Biedermann und Bummelmaier, und die Namen zusammengezogen.
»Betulich«, »saumselig«, »Bieder«, »Bummel« – der Verdacht steigt auf, daß hier ein biederer Bummel unserer Väter durch drei Jahrzehnte stattgefunden habe, und daß dies die Erklärung für den gar so bescheidenen und im Vergleich zu seinen Vorgängern glanzlosen Biedermeierstil sei. Genau so verhielt es sich.
Was war man zu Anfang des Jahrhunderts noch schneidig gewesen! Man hatte, als die Herren Fürsten und die Herren Berufssoldaten angesichts Napoleons mit ihrem Latein am Ende gewesen und den verzweifelten Aufruf an das Volk erlassen hatten, den Tyrannen besiegt und Deutschland wieder frei gemacht, und nun war nichts mehr von dem Feuer übriggeblieben! Rasch und resolut hatten die regierenden Herren auf Rat Metternichs dem Volk den Maulkorb übergeworfen und Ruhe, Gehorsam und Amtsbewunderung zur gottgewollten Pflicht erklärt. Die Ernüchterung und Enttäuschung waren

im ersten Moment groß. Das Volk war nicht »politisch«, es hatte auch keine Revolution wie Frankreich durchgemacht, es war nicht maßlos, es wollte nichts Unmögliches. Aber ein paar Dinge hätte es als Dank für die Opfer doch gern verwirklicht gesehen: den Zusammenschluß des von Napoleon zerrissenen Vaterlandes, die Freiheit der Gedanken und die Gleichstellung aller Bürger vor dem Gesetz.

Versprochen war es. Aber wie das Sprichwort schon sehr richtig sagt: »Niemand kann zween Herren dienen; wer verspricht, kann nicht worthalten.« Heinrich Heine schrieb in der Emigration in Paris bitter:

> »Nachtwächter mit langen Fortschrittsbeinen,
> Du kommst so verstört einhergerannt!
> Wie geht es daheim den lieben Meinen,
> Ist schon befreit das Vaterland?«
> »Vortrefflich geht es! Der stille Segen,
> Er wuchert im sittlich gehüteten Haus,
> Und ruhig und sicher, auf friedlichen Wegen,
> Entwickelt sich Deutschland von innen heraus.

Die Konstitution, die Freiheitsgesetze,
Sie sind uns versprochen, wir haben das Wort!
Und Königsworte, das sind Schätze
Wie tief im Rhein der Niblunghort.«

Die Jahre zogen ins Land, aus der Enttäuschung wurde Resignation. Das Leben ging weiter, die Entwicklung war nun eben mal so, und man durfte den Anschluß nicht verlieren. Es ist das Zeichen aller treulosen Regierungen, die Zeit für sich arbeiten zu lassen.

Die Notzeit war vorüber, die neue Zeit sollte nicht wahr sein. Die privilegierte Adelsclique knüpfte dort wieder an, wo man stehengeblieben war. Es hätte auch in der Kunst dort, wo man zuletzt stehengeblieben war, im goldenen Empire nämlich, weitergehen können.

»Doch die Verhältnisse, die sind nicht so.« In den Schlössern waren sie es vielleicht, in den Städten nicht. Das Bürgertum war durch Krieg und französische Ausplünderung arm geworden, arm und bescheiden. Die Menschen, um den Dank des Vaterlandes betrogen, zogen sich ins Schneckenhaus zurück und klammerten sich an die kleinen Freuden. So also muß man die Zeit verstehen. Da nun der vergoldete Spiegel wegfiel, mußte eine schlichte weiße Gardine, die sich vor einem Geranientopf im Frühlingshauch bauschte, das bißchen Heiterkeit und Seligkeit spenden, und statt des zehnkerzigen Lüsters brannte jetzt eine grün beschirmte Öllampe, weniger glanzvoll, aber »innig«. Man mußte eben »nach innen« leben, man mußte statt Glanz Sauberkeit suchen, statt Genialität Zuverlässigkeit, statt lauten Ruf stille Rechtschaffenheit, statt Brillanz Behagen.

Dem Stil, der aus solchen Verhältnissen kam, sah man anfangs noch seine Herkunft aus dem klassizistischen Empire an, bald verloren sich die letzten Anklänge, und er wurde zu dem, was wir heute unter Biedermeier verstehen: helle Möbel aus freundlichen Hölzern, makellos in der Verarbeitung. Stühle mit glatten Beinen und einfacher, leicht geschwungener Rückenlehne, mitunter mit luftig durchbrochenem Rückbrett, ein Einfluß des berühmten englischen Kunsttischlers Sheraton; heitere, dreiseitig verglaste Vitrinen, in die man lieben Kleinkram stellte: ein hübsches Täßchen, Medaillen, Scherenschnitte, ein Kristall, ein Vexierbild, ein Perlmutter-Kästchen, eine Widmung von Goethe; Sofas mit fast unverzierten Rücken und meist schwach überschlagenen Seitenlehnen, mit einem lieblichen Streublümchen- oder Streifenmuster bezogen und weißen Nägelchen beschlagen. Tische sehr gern rund, oft nur mit einem Mittelfuß und dreieckiger Bodenplatte – einziger Schmuck höchstens etwas Intarsie. Die kleinen anspruchslosen Klapptischchen des Biedermeier bilden heute das Entzücken der Damen.

Das Biedermeier schlug sich auch in anderen Ländern Europas nieder, aber in Reinheit findet man es nur in Deutschland und Österreich.

Einen Baustil hat das Biedermeier nicht geschaffen: Man wohnte das Alte »auf«.

Man hätte natürlich auch die Möbel aufwohnen können, aber eine gebrechlich gewordene Waschkommode wirft sich leichter weg als ein gebrechlich gewordenes Dreifamilienhaus. Dazu kamen die vielen jungen Paare, die, als die Handwerker den Stil erst einmal geschaffen hatten, genau das sagten, was die jungen Leute heute sagen: »So wollen wir wohnen.«

Schubert, Mendelssohn, Lortzing schrieben die Musik dazu, Eichendorff, Mörike, Hauff, Uhland die Verse – Musik und Literatur, beides stark durchwoben von der Romantik, die schon Ende des 18. Jahrhunderts die Grundstimmung aller Herzen war und die der ganzen Epoche ebensogut den Namen hätte geben können.

Das Liebenswürdigste aber, was uns das Biedermeier hinterlassen hat, sind seine Bilder. Sie sind so sauber, so morgendlich, daß man den Lawendelduft geradezu riecht.

Seit Pieter de Hooch, also seit 1650, hatte niemand mehr das enge Glück, den Frieden der vier Wände und jene Vornehmheit, die aus der Armut kommen kann, so schön besungen wie die Maler des Biedermeier: Kersting, Ludwig Richter, Kobell, Gärtner, Oldach, Hasenclever, Wasmann, Hummel, Stieler, Spitzweg, Schwind, Engert und wie sie alle hießen.

Je weiter die Zeit fortschritt, desto mehr verlor sich der Einfluß der Romantik. Bei Caspar David Friedrich dominiert sie noch, bei Kersting, Engert, Hummel ist sie fast verschwunden. Die selbstquälerische Melancholie ist überwunden. Biedermeiers typisches Ingrediens ist die große Simplizität des »Inhalts«, die auffallende Enge der Sicht, die kühle Beobachtung (aus der dann der Naturalismus des großen Menzel kam), und die unsinnliche Begegnung mit dem Körper. Es gibt kaum ein Aktbild. Damit hängt wahrscheinlich auch zusammen, daß die Bildhauerkunst fehlt. Sie wird von der Klassik bis weit in die Mitte des Jahrhunderts überlagert.

Das Biedermeier ist eine köstliche Wiederentdeckung unserer Zeit. Vielleicht, weil wir inmitten der Desillusionierung immer mehr unsere Heimatlosigkeit, unser verschwundenes Behaustsein spüren, und weil unser Herz sich heimlich nach dem bescheidenen aber sicheren Behagen sehnt.

Rubens und die Weltrangliste

Nein, nein, es gibt in der Malerei natürlich keine Weltrangliste! Die Behauptung wäre total phantastisch, sie brächte jeden würdigen Kunsthistoriker an den Rand eines Kollaps – drum also wollen wir sie aufstellen. Denn der ist kein rechter Mann, dem das Erbleichen der Fachleute nicht ein diabolisches Vergnügen bereiten würde.

Aber noch aus anderen Gründen sollte man nicht versäumen, eine so interessante Dummheit anzustellen. Erstens ist es nicht nur erlaubt, sondern immer gut, die seriöse Wahrheit mit jenen Vorstellungen zu konfrontieren, die unausrottbar volkstümlich sind. Und zweitens spricht unsere Behauptung nur den Gedanken laut aus, dem auch der tiefstgekühlteste Professor irgendwann in einer stillen Stunde schon einmal in aller Unschuld nähergetreten ist. (Der dreifache Superlativ »tiefst«, »gekühltest« und »Professor« ist Absicht.) Sie können auch folgende Probe machen: Sagen Sie einem Maler, der auf einer Ausstellung gerade inkognito ein halbes Stündchen lang sein eigenes Bild bewundert, Sie hielten diesen Maler ernsthaft für den größten der Gegenwart, und er wird Ihnen nicht widersprechen. Was können Sie daraus schließen (abgesehen davon, daß der Betreffende in den nächsten drei Tagen, freudig erregt, drei Bilder malen wird)? Daß er eine Weltrangliste für möglich hält, wenn *er* in ihr erscheint.

Noch viel mehr können Sie aus einer Antwort schließen, die Anatole France einmal auf die Frage nach Frankreichs größtem Dichter gegeben hat. Er sagte: »Leider Victor Hugo«. Hier hat also ein einwandfrei illustrer Geist nicht nur prompt eine Rangliste akzeptiert, sondern er hat sie mit dem Worte »leider« auch noch in Vergleich zu einer von ihm gedachten Weltrangliste gesetzt.

Ich glaube, wir können nun, da ein Franzose die Fragestellung sanktioniert hat, uns der Beantwortung selbst zuwenden, ohne Umschweife, ja, sogar mit einem gewissen Ernst, denn tatsächlich rührt die an sich blödsinnige Frage an eines der schwierigsten Probleme der Kunstästhetik: an die qualitative Vergleichbarkeit der Stile. Nehmen wir an, es gäbe einigermaßen sichere Einschätzungen innerhalb einer Zeit und einer Stilrichtung (etwa, daß van Gogh der größte Nachimpressionist oder El Greco der größte Manierist sei), so ergibt sich jetzt die Schwierigkeit, die beiden Maler gegeneinander abzuschätzen, was nichts anderes bedeutet, als zwei Stile, zwei Richtungen, zwei Epochen, zwei Kunstauffassungen, zwei Lebensgefühle qualitativ zu vergleichen. Das ist bis zu einem gewissen Grade möglich. Sagen wir vorsichtshalber: vielleicht. Niemand wird zwar heute bestreiten, daß die Gotik über dem Rokoko steht; niemand heute. Im Rokoko aber hat es jedermann bestritten. Jacob Burckhardt hielt das Barock für einen Verfallsstil, für uns ist er einer der fruchtbarsten. Das Biedermeier galt bis vor kurzem als eine »Verarmte-Zeit-Notlösung«, heute erkennen wir in ihm ein ausgeprägtes, ganz eigenes und ausgesprochen schönes Lebensgefühl und Formgefühl.

Aus diesem Dilemma, das jedem vertraut ist,

der sich mit Kunstgeschichte befaßt, glaubte ein bedeutender Kunsthistoriker, Alois Riegel, einen Ausweg gefunden zu haben. Er hielt Stile überhaupt nicht für vergleichbar; mehr noch, er lehnte es ab, dem Stil selbst irgendeine Qualität beizumessen, sondern lehrte, daß ausschließlich die einzelnen überragenden Persönlichkeiten die Werte schüfen. Das heißt, um es an einem Beispiel klarzumachen: die Gotik ist nicht an sich bedeutend, sondern nur durch die Werke ihrer Repräsentanten. Es habe also, sagt Riegel, nur einen Sinn, einzelne Meister zu vergleichen, und zwar anhand eines überstilistischen, rein malerischen Maßstabes.

Leider hat Professor Riegel vergessen, uns diesen überstilistischen Maßstab mitzugeben. Die Sache ist nämlich die: Man kann sich zwar tatsächlich auf eine Beurteilung reiner Farbharmonien oder Formspannungen beschränken, gleitet aber damit unweigerlich ins Ästhetisch-Kunstgewerbelnde und Formelhafte ab. So kann man wohl ein Bild Peter von Cornelius' oder Mondrians betrachten, aber an die unerklärlichen Gewalten Grünewalds, Goyas, Boschs, an das

Mysterium van Eycks, Rembrandts, van Goghs kommt man damit nicht heran. Ja, sogar die Begriffe »Farbharmonien« und »Formen« unterliegen einem dauernden Wandel der Interpretation. Duccios Zeitgenossen haben schon als lineare Spannung empfunden, was die Manieristen im 16. Jahrhundert als Schlafmittel ansahen. Nach all diesen Überlegungen kommt man still und heimlich wieder auf das zurück, was die Fragen nach Größe und Schönheit eben alle sind: das Bekenntnis unserer Liebe. Ein bißchen spielt der Zeitgeist eine Rolle, ein bißchen unser historisches Bewußtsein und ein bißchen auch unsere merkantile Erfahrung, also der Reiz der Rarität und des Handelswertes. Summa summarum also sind alle Bekenntnisse subjektiv und just darum so vergnüglich.

Denn wir wollen es mit den alten Griechen halten, die jede nüchterne absolute Wahrheit hingegeben hätten für ein Symposion voller kühner Hypothesen.

Nach meinen Erfahrungen nun wird von Kunsthistorikern, Kennern, Sammlern und Händlern etwa folgende Gruppe von Malern als höchste Spitze genannt: Jan van Eyck, Rogier van der Weyden, Giotto, Michelangelo, Leonardo, Giorgione, Piero della Francesca, Rembrandt, Rubens, Dürer, Grünewald, Velasquez. Jedes Werk dieser Zwölf würde heute Millionen Dollar bringen. Zur nächsten Gruppe werden am häufigsten gezählt: Duccio, Masaccio, Mantegna, Botticelli, Raffael, Tizian, El Greco, Goya, Jean Fouquet, Hugo van der Goes, Bosch, Pieter Breughel, Frans Hals, Vermeer van Delft, Hans Holbein und Vincent van Gogh. Zum erstenmal taucht hier also ein moderner Maler auf. Auch Picasso wird genannt. Überhaupt beginnen hier die Grenzen schon ganz zu verschwimmen, und die dritte Gruppe umfaßt dann gleich zwanzig oder dreißig Namen, zu denen von den Deutschen gewöhnlich Lucas Cranach, Albrecht Altdorfer und Stephan Lochner gehören.

Erlauben Sie mir zum Schluß – und sei es auch nur, damit Sie mich beschimpfen können – mein eigenes Bekenntnis.

Ich halte Jan van Eyck, Matthias Grünewald, Giotto und Rembrandt für die größten Maler, die das Abendland hervorgebracht hat. Wie? Sie vermissen Ihren Liebling? Das tut mir aufrichtig leid. Schreiben Sie den Namen doch einfach mit Bleistift dazu.

Bitte beachten Sie
die folgenden Seiten

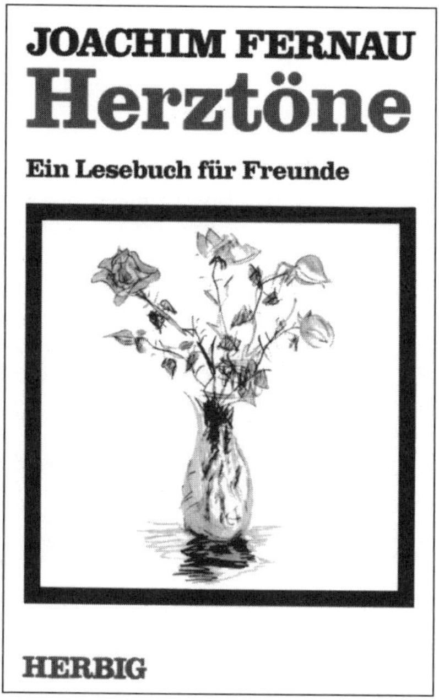

Dieses Lesebuch ist sozusagen ein Joachim-Fernau-»Konzentrat«. Es enthält, liebevoll und kenntnisreich ausgewählt, die bedeutendsten Stellen aus seinem gesamten Werk.

JOACHIM FERNAU

Was halten Sie vom Alten Fritz und anderes Kleingedrucktes

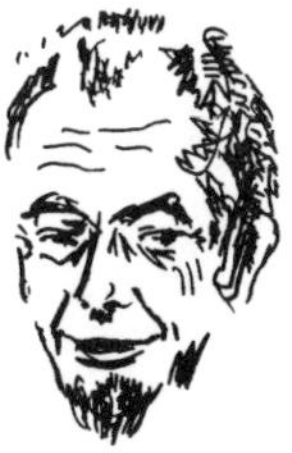

Herbig

Aggressive und zärtliche, heitere und ernste, spöttische und tröstliche Texte aus dem Nachlaß von Joachim Fernau.